# 出雲には10万年の歴史が見える

全国から訪れる神々を歓待する「神迎え神事」

出雲地方の旧石器、縄文遺跡では、赤味を帯びた玉髄の石器が出土する（島根県立古代出雲歴史博物館所蔵）

国内最古とされる中期旧石器時代の「砂原遺跡」。島根県出雲市のこの海岸近くの段丘で発見された

# 日本海に広がる玉の文化

糸魚川市の翡翠峡。世界有数の産地だったとされ、今もわずかに緑の輝きを残す

出雲大社の社宝として伝来する翡翠勾玉

古代出雲歴史博物館所蔵の勾玉。出雲産のメノウを素材とする

# 火山がつくりだした聖地

天孫降臨の伝承地とされる高千穂峰。荒涼たる風景の広がる火山の聖地である

熊野を代表する聖地、神倉神社（和歌山県新宮市）のイワクラ。この巨岩は 1500 万年前の熊野カルデラ噴火によって形成された

「日本一美しい石器」と評判の尖頭器
（個人蔵　長野県伊那市寄託　伊那市創造館にて撮影）

# 諏訪大社は中央構造線と糸魚川静岡構造線の交点に鎮座する

諏訪大社の発祥地ともいわれる上社前宮は、ふたつの巨大断層（構造線）の交点に鎮座する。A は中央構造線の露頭（三重県多気町）、B は糸魚川静岡構造線の露頭（新潟県糸魚川市）

# 火山と断層から見えた
# 神社のはじまり

蒲池明弘

双葉文庫

# 目次

第二章

# 石器と玉作りの道——出雲から北陸、関東、東北へ

三種の神器の勾玉は出雲で作られたのか
玉作りの山は一五〇〇万年前の火山
なぜ、玉造温泉は「神の湯」なのか
天皇に献上される出雲の玉
スーパーパワーストーンの山
古木とイワクラ——建物のない原初の〝神社〟
翡翠の女神とオオクニヌシを夫婦神とする神社
北陸の翡翠産地を探訪する
遍歴する玉作りの人びと
関東に広がる出雲の神々
東北から出雲へ移住した縄文人
『砂の器』と出雲弁の謎
出雲大社は縄文の「柱」なのか
「神様石器」から「砂原遺跡」へ
一〇万年前の遺跡を訪ねる
ナウマンゾウが来た道
出雲のネアンデルタール人?
日本でいちばん美しい石器
縁結びの神さまの輝かしい女性遍歴

オオクニヌシと三種の神器

第三章

# 聖地と温泉——熊野から伊豆へ

# 第四章

# 交差する巨大断層——諏訪から伊勢、奈良へ

# 序章　火山列島の信仰

## 大地の歴史から考える

この神社はいったい、いつから、ここにあるのだろう？

古い神社を訪れ、手を合わせるとき、そんな思いにとらわれることはないでしょうか。

この本のプランは、日本列島の地質的な環境、地理的な条件など私たちの先祖が暮らしを営んだ大地の歴史に目を向け、神社のはじまりの気配を探ることです。

火山と断層――。このふたつをキーワードとして掲げるのは、日本固有の「神」が

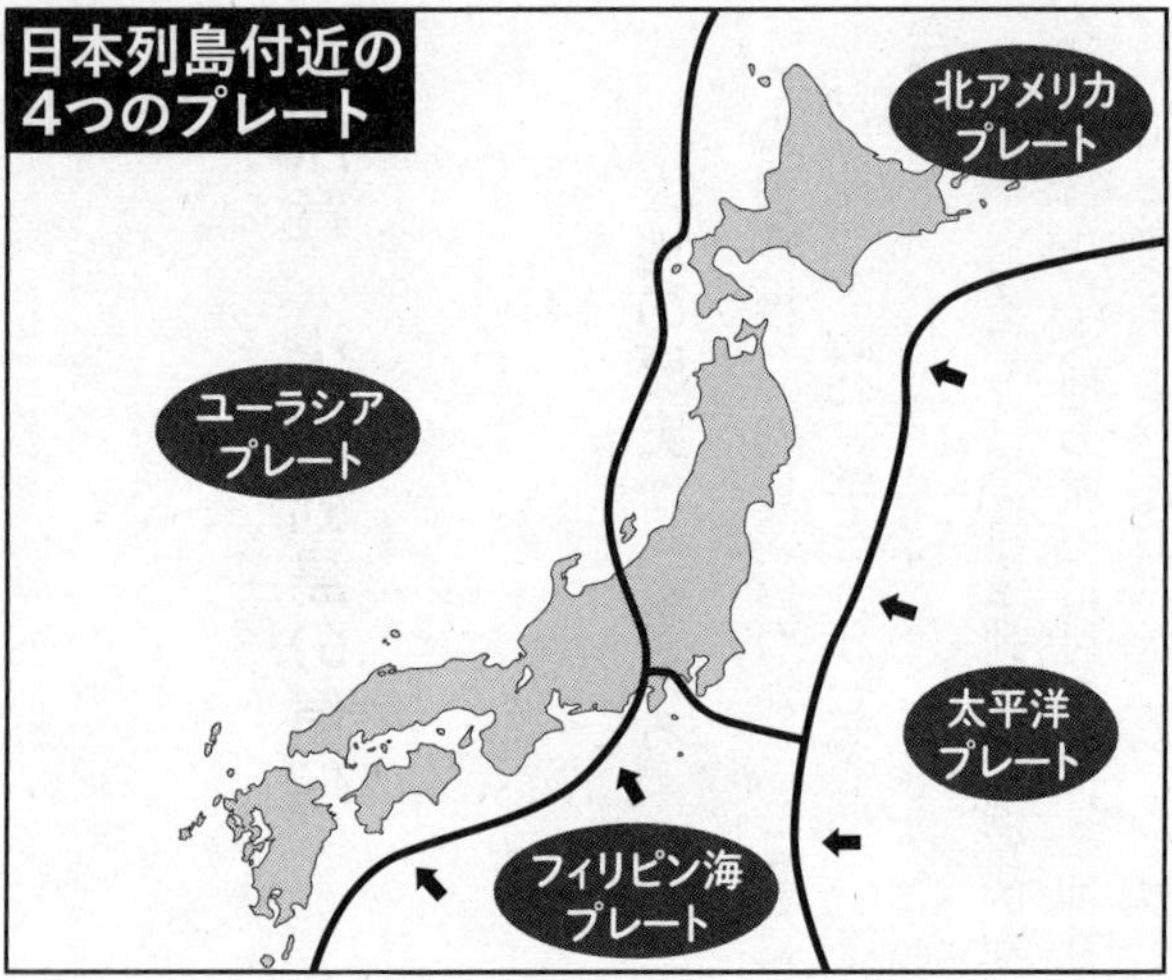


形成されるうえで重要な要素になっていると考えるからです。

火山活動と地震（断層活動）は日本列島の宿命ともいえる自然現象です。日本列島の近辺では、太平洋プレート、フィリピン海プレート、北アメリカプレート、ユーラシアプレートという四つのプレートがせめぎ合っており、その複雑で激しい地殻の運動の結果が火山と地震にほかなりません。

阿蘇山《あそさん》、霧島山《きりしまやま》、富士山《ふじさん》など名だたる火山には歴史ある神社が鎮座しています。阿蘇神社（熊本県）、霧島神宮（鹿児島県）、富士山本宮《ほんぐう》浅間《せんげん》大社《たいしゃ》（静岡県）です。はるかな時代から人びとは、火山を神として仰ぎ、その神が荒ぶることのないよう祈り続けたのだと思います。

鹿島神宮《かしまじんぐう》（茨城県鹿嶋市《かしまし》）は地震を防いでくれる神さまとして、江戸時代の庶民によって信仰されましたが、こちらについては、日本列島で最大の活断層である中央構造線の上に鎮座しているという説があります。もし、それが事実であれば、地震の原因である活断層を封印しているというわけです。

本来の専門は西洋哲学ですが、独自の古代史研究で人気のあった梅原猛《うめはらたけし》氏は、宮崎、鹿児島の両県にまたがる霧島火山についてこんな一文を残しています。


火山はしばしば火を噴いて溶岩をふき出し、灰を降らして人民を苦しめる。それはまさに神の怒りの象徴である。（中略）その恐ろしいもの、崇りをなすものを神と祀《まつ》って、供物《くもつ》を捧《ささ》げ、心をやわらげ、かえって自分たちの守り神にする。それが日本の神祀りの根源である。とすれば火山こそ最も恐ろしい、そしてまた最も尊い神なのである。（『天皇家の〝ふるさと〟日向をゆく』新潮社）

人びとの願いの込められた祠《ほこら》や鳥居は、各地の火山でしばしば目にするものです。

私は以前、「古事記」の神話と火山の歴史との関わりを調べるために全国を歩き、『火山で読み解く古事記の謎』（文藝春秋）という本にまとめたとき、そうした光景をいくつも目撃しました。

## 火山に祈った古代の人びと

国内有数の火山群である霧島山（宮崎県、鹿児島県）は天界に住んでいた天皇の先祖神が地上に降り立つ「天孫降臨」の地としても知られています。この神話の舞台と伝承される高千穂峰《たかちほのみね》（標高一五七四メートル）は、七千年前から八千年前、すなわち縄文時代の噴火によって出現した成層火山です。

頂上の火口の穴は火山の噴出物が盛り上がって固結し、見えなくなっています。いわゆる「溶岩ドーム」です。その地面には青銅製の古代の剣である「鉾《ほこ》」（今はレプリカを設置）が突き立てられています。まるで剣の呪力によって火山の活動を押さえ込んでいるかのようです。頂上のまわりは火山灰と火山に由来する岩石ばかり。草木も見えない荒涼たる風景です。

高千穂峰のふもとにある霧島神宮は豪壮な社殿を持ち、天皇の先祖神を祀る神社として高い格式を得ていますが、かつては頂上に近い場所に鎮座していたと伝わっています。噴火による被害で社殿がたびたび焼失したことから、ふもとにある現在の場所

高千穂峰の山頂

に移設されたといいます。荒ぶる神の怒りを鎮めるための祈りが、はるかな時代から続いていることを実感できる火山地帯の神社です。

霧島火山群を囲むように、霧島神宮をはじめとする霧島六社権現《ろくしゃごんげん》（合祀により現在は五社）と称される神社が鎮座しています。そのひとつ霧島東神社は宮崎県高原《たかはる》町《ちょう》にあって、町内には初代天皇である神武天皇の生誕伝承地があります。歴史的な事実かどうかはともかく、霧島山は火山の信仰と天皇の伝説が交差している濃密な聖地です。

世界の火山史のうえでも、阿蘇山は記録的なスケールの巨大噴火を繰り返してきました。この地で火山鎮護の祈りを継承しているのが、阿蘇神社の神官の家系である阿蘇氏。現在の宮司である阿蘇治隆氏は阿蘇氏九十二代目の当主に当たるので、天皇家には及ばないとしても日本有数の家系です。

阿蘇山をめぐる祭祀については、中国の公的史書である『隋書《ずいしょ》』の倭国伝《わこくでん》に、「阿蘇山有り。その石、故無くして火起こり、天に接することあり。俗、以て異となし、因って禱祭を行う」と記録されています。突然、理由もなく天に届くほどの火を噴き上げるので、民衆は火山に対する祭祀をなしているというのです。

隋は六世紀から七世紀にかけて中国を統一していた王朝ですが、『隋書』は日本の火山信仰を記録した最も古い文献とされています。

隋王朝からの使者が日本（当時の倭国）を訪れたころ、阿蘇神社あるいはその原形があったかどうかは不明ですが、火山に対する祈りは古代の文献にもこのように残っており、その起源は弥生時代、縄文時代にさかのぼると考える人もいます。

現在に至るまで阿蘇山は噴火を重ねていますが、その中でもすさまじい規模だったのが約九万年前に起きた巨大噴火（Ａｓｏ－４）です。その時に噴出された火砕流は隣接する福岡県、大分県を越えて、関門海峡の対岸にある山口県にまで達していま す。火山灰は東北、北海道だけでなく、大陸側でも確認されています。

日本列島に人類が暮らしていた確実な年代は三万数千年前なので、阿蘇山の巨大噴火が目撃された可能性は小さいといえます。しかしその後、約二万九千年前と約七千年前の二度、鹿児島県で同じスケールの巨大噴火が起きており、想像を絶する被害が推定されています。

火砕流と火山灰によって九州の半分は埋めつくされ、人間や動物だけでなく木や草まで死滅したと考えられています。火山が恐るべき破壊の神であることを痛感させられます。

## 火山列島の恵み

古代の人びとの暮らしはさまざまな自然の脅威にさらされていました。台風をはじめとする暴風雨、河川の氾濫《はんらん》、雨が降らないことによる水不足、それとは反対の日照不足による農業への悪影響。そうした災厄をなんとか免れたいと願い、人びとが神に祈ることは現在の日本でも見うけられる光景です。

火山の噴火がこうした自然がもたらす惨事にすぎないのであれば、話はそこで終わりです。

しかし、取材のため各地の火山を歩いているうちに、火山はただ恐ろしいだけの存在ではなく、さまざまな恵みをもたらすことを知りました。そして、神社のはじまりを考えるうえで、より大きな意味を持つのは、火山の恵みであると思うようになりました。今回、中心的なテーマとしたいのはこちらの方です。

日本列島で多くの人が暮らしはじめた三万数千年前の旧石器時代について、そこは世界でも有数の人口の密集地であったという説があります。その理由として、日本列島には黒曜石やサヌカイト（ガラス質の安山岩）をはじめとした、刃物や矢尻として利用できる良質の石が豊富であったことが指摘されています。黒曜石もサヌカイトも火山の噴火時に溶岩が急冷してできた高密度の石です。

日本列島にいくつもの黒曜石産地があるのは、まさに火山の恩恵です。火山がほとんどない中国や朝鮮半島では黒曜石は希少であり、一説によると、縄文時代には日本から大陸方面へ黒曜石が運ばれていた（輸出？）とも言われています。

金、銀など貴金属、朱の鉱物である辰砂《しんしゃ》（水銀の原料でもあるので水銀朱ともいう）は、火山活動に伴う熱水鉱床として形成されました。古代の勾玉《まがたま》の素材となる緑色に輝く碧玉《へきぎょく》も火山活動の副産物です。

活断層は地震の原因であり結果でもあるので、私たち現代人にとっては恐怖の対象ですが、はるかな時代から続く断層活動によって、天然の直線地形ができ、古代人の歩いた道になっていたことが知られています。

また、温泉が火山の周辺以外にも点在しているのは、断層の亀裂から地中にある高温水が湧出していることも理由のひとつです。断層の道や温泉が、どのように神社のはじまりに関連しているかについても考える必要があります。

観光スポットになっている「草千里《くさせんり》」のある阿蘇山をはじめとして、火山の周囲には草原的な環境が広がっていることも注目すべきことです。火山の噴火は樹木の生育を阻み、森林の拡大が抑えられるので、シカなど草食動物には適した草原的な植生（火山性草原）が定着しています。九州南部や東北、長野県など火山の多いエリアに、縄文人の遺跡が集中しているのは、狩猟採集の生活に適した良質の草原が広がっていたからでもあります。

火山性草原はその後、馬を放し飼いするための天然の牧場となり、九州と関東の有力な武士団や平安時代の朝廷と戦った東北の蝦夷《えみし》の出現にかかわっています。そうした背景を『「馬」が動かした日本史』（文藝春秋）という本にまとめたことがあるのですが、馬の放牧地となった良質の草原も火山の恵みのひとつです。

## なぜ都の遠くに巨大な信仰圏が誕生したのか

悠久の歴史をもち、今も人びとの崇敬を受けつづける神社が全国各地にあります。関係する史料は乏しいので、どの神社がどれくらい古いのかは解きがたい問題ですが、神話や伝承をもとに、島根県の出雲大社、和歌山県の熊野本宮大社、長野県の諏訪大社が最も古い神社の一群である――ということくらいは言えると思います。

日本は多神教の国であり、八百万《やおよろず》の神々がいるといいますが、大まかに言えば、人間めいたキャラクターを持っている人格神と巨石、山、川、風などが神格化された自然神への信仰に分けることができます。人格神は「天つ神」と「国つ神」に二分されます。

「天つ神」はアマテラスをはじめとして天皇家の系譜にかかわる神々です。「古事記」などの神話によると、天上めいた世界（高天原《たかまがはら》）で暮らしています。

これに対して「国つ神」は、オオクニヌシをはじめとして日本列島の土着の神々です。神話の記述が歴史的な事実をどれくらい反映しているかは不詳ですが、縄文時代あるいはそれより古い旧石器時代から列島で暮らす先住民の歴史と結びつく可能性があるとしたら、それは「国つ神」のほうです。

出雲大社、諏訪大社で祀られている中核的な神はいずれも「国つ神」ですが、熊野本宮大社をはじめ熊野信仰の神社の祭神については謎が多く、はっきりとしないところがあります。現在の祭神には「天つ神」の名前も散見されますが、これには平安時代以降、天皇家もふくめて都人による熊野詣《もう》での流行がかかわっているようで、本来の熊野信仰は土着の神を祀っていたという人もいます。

どちらにせよ、神社のはじまりを探る作業は「国つ神」について考えることと重なります。第一章以降はこの三社を中心にすえて、話を進めたいと思います。

出雲大社、熊野本宮大社、諏訪大社は、全国各地に多くの支社、分社をもち、古代に起源を持つ信仰の歴史は力強く継承されています。この三つの巨大な信仰圏の中心はそれぞれ島根県、和歌山県、長野県にあります。

なぜ、都から離れた土地に、深い歴史を秘めた神社が鎮座しているのでしょうか？

それはこうした神社が、時の政府の政治力や軍事力、海外からもたらされる精神文化とは無関係にはじまり、引き継がれてきたからだと思います。

これに対して、仏教が都を中心とする文化であることは明らかです。

奈良の平城京を眼下にのぞむ高台に建立された東大寺。京の都を守護するかのように滋賀県の比叡山に開かれた延暦寺。奈良、京都およびその周辺には、各宗派の総本山があり、地方に向かって信仰圏が広がっています。外来の宗教である仏教を最初に受け入れたのが、都に住む皇族や貴族たちでした。仏教文化が次第に地方へと広がった歴史は、現在の宗教的な風景のなかにそのまま残っています。

## 「神社のはじまり」は「神道のはじまり」より古い

「古事記」「日本書紀」は歴史書であるとともに、日本の神々についての最古の文献です。しかし、そこには「神社のはじまり」を知るための情報は意外なほど見えません。いわゆる「国譲り神話」のなかに見える出雲大社と諏訪大社にかかわる逸話が、数少ない事例のひとつです。

「日本書紀」は、奈良時代の養老《ようろう》四年（七二〇年）に完成しました。「古事記」の成立年代については書中の序文以外に史料がないので、厳密にいえば不詳ですが、ほぼ同じころであろうと推定されています。

「古事記」「日本書紀」は、なぜ、神社のはじまりについて、はっきりとした記録を載せていないのか。ふたつの理由が挙げられます。

第一の説。

神社のなかには、天皇家よりもはるかに古い歴史をもつ神社もあるので、朝廷の視点に立てば、神社の歴史は「不都合な真実」をたくさんふくんでいた。だから、「古事記」「日本書紀」は、各地の神社のはじまりについて、物語めいた話でぼかしたり、無視したりしている。

第二の説。

「古事記」「日本書紀」の編纂者《へんさんしゃ》が、神社のはじまりを明確に記録していないのは、悪意や思惑からではなく、ほとんどのことがすでに不明になっていたから。神社のはじまりは「古事記」「日本書紀」がつくられた年代よりも大幅に古いということ。

本書の基本スタンスは第二の説にあります。「神社のはじまり」について、私たちはほとんど何も知りませんが、第二の説が正しければ、「古事記」「日本書紀」の編纂者たち（太安万侶《おおのやすまろ》や舎人親王《とねりしんのう》）の情報量も私たちのそれとたいして変わらないということになります。

神社の起源について教科書的な定説は見当たりません。ヤマト王権の成立時期と重なる古墳時代（三世紀～七世紀）という説、さらに古い弥生時代説、縄文時代説など諸説紛々としています。神社とは何か？　その定義によって、違った回答が出るという困った事情があるからです。

学術的な研究者は、神社の成立時期を、①特定の祭祀の対象、空間があること②

祭祀のための組織があること③祭祀のための建造物があることなど、いくつかの条件によって検討しています。この三条件であれば、古墳時代の終わりごろ、六、七世紀に神社のはじまりが見えるということになります（岡田精司『神社の古代史』學生社）。

しかし、神社らしい建物がつくられるようになる前から、神々しい岩石などを祭祀の対象とする祈りの歴史があったことは、考古学のうえでも認められています。巨岩や古木、あるいは森や山。自然界のきわだった存在は、「神の宿るもの」と考えられていました。あるいは、神そのものであったと言う人もいます。

しかし、美しい山や古木への信仰のみによって、出雲、熊野、諏訪に発する巨大な信仰の歴史を説明することは難しいと思います。神社のはじまりには、木や岩や山よりもさらに大きな、日本列島の大地の歴史が関係しているのではないか——というのが本稿の見通しです。

キリスト教の教会、仏教の寺院と同じように、神社は神道の宗教施設です。キリスト教、仏教が創始されるより以前の教会、寺院は当然ながら存在しないのですが、神社については事情が異なります。

「神社のはじまり」は、「神道のはじまり」より確実に、そしてはるかに古いのです。

私は神社や神道の研究者ではなく、「古事記」「日本書紀」の専門家というわけでもありません。今は歴史関係の書籍を中心として執筆や編集の仕事をしていますが、もとは読売新聞東京本社に勤務し、経済部に所属していました。新聞社出身のしがない物書きが、いかなる事情によって、「神社のはじまり」についての本を書くに至ったか。この本のイントロダクションとして、その概略を申し上げておく必要があると思います。

新聞社を中途退社するとき、いくつかの取材計画をもっていたのですが、そのひとつに「日本経済のルーツを縄文時代に探る」というアイデアがありました。トヨタに代表される日本のものづくり産業を、縄文時代からの歴史のうえで考えてみようという企画です。

調査をはじめて気がついたことは、出雲大社、諏訪大社、伊勢神宮など歴史ある神社は、古代にはじまる「ものづくり」の歴史と奇妙に重なり合っているという事実でした。大風呂敷を広げすぎて、当初の計画は形にならないまま今日に至っていますが、集めた資料の一部を今回、いかすことができました。

諏訪大社のそばには、北海道をのぞけば全国最大の黒曜石産地があり、出雲大社のある島根県にも西日本では最大級の黒曜石産地があります。出雲は古墳時代以降、国内最大の玉作りの産地でもありました。材料の碧玉、メノウが豊富だったからです。伊勢神宮のある三重県伊勢地方は、朱の鉱物である辰砂の国内最大級の産地でした。戦国時代から江戸時代にかけて、金銀銅など貴金属が日本からの輸出品であったことはご存じのとおりですが、黒曜石、翡翠、碧玉、辰砂は、縄文時代から奈良、平安時代にかけて中国や朝鮮半島に運ばれています。

黒曜石の全国規模での物流は旧石器時代に、辰砂については縄文時代にさかのぼります。希少鉱物をめぐる物流、人びとの移動と交流。そして、希少鉱物が大地からもたらされることへの畏敬。巨大な信仰圏をもつ神社のはじまりには、そうした物質的な側面があったのではないか――ということもこの本全体を貫くテーマです。

神社のはじまりについて考えることは、私たちが暮らす日本列島という大地の歴史を注意ぶかく掘り下げることでもあります。

それでは聖地が誕生する現場を目撃するため、日本列島のはじまりの時までさかのぼり、神々のかすかな気配を探し歩くことにしましょう。

## おことわり

原則として、神名はカタカナ表記にしています。日本人が漢字を使いだすよりもはるかに古い時代から、神さまの名前は音声言語として存在していたはずだからです。「古事記」と「日本書紀」でまったく異なる漢字表記がなされていることも、神名をカタカナ表記する理由のひとつです。

# 第一章　火山の国としての出雲——スーパーパワーストーンの大地

## 見える火山、見えない火山

気象庁は日本の火山のうち、過去一万年間に噴火したかどうかを基準として、百十一の活火山を指定し、警戒の対象としています（二〇二四年現在）。その活火山のひとつ三瓶山《さんべさん》は島根県にあります。縄文時代に繰り返された火山噴火の堆積物によって、出雲平野が現在のような姿になりました。

富士山に似たきれいな円錐形《えんすいけい》の成層火山である大山《だいせん》は、鳥取県（伯耆国《ほうきのくに》）と島根県（出雲国）の県境にそびえていることから、伯耆富士とも出雲富士とも呼ばれています。気象庁が警戒を呼びかける活火山のリストには入っていませんが、縄文時代とその前の旧石器時代に噴火を繰り返していました。「出雲国風土記」に「火神岳《ひのかみのたけ》」として記録されているのは、噴火の記憶が残っていたからでしょうか。

国立天文台が編纂するデータブック『理科年表』には、地質学の上で一番新しい時代である第四紀（約二百六十万年前から現代まで）に噴火した可能性のある休火山、死火山をふくめて、五百か所近い国内の火山が列挙されていますが、そのうち十一か所が島根県の火山です。

本州の西半分と四国は日本では珍しく火山のほとんどないエリアですが、そのなかで島根県だけが、突出して火山の多い特異な地域なのです。こうした地質的な条件が出雲における古代信仰の発生と結びつくのではないか——ということに注目したいと思います。

『理科年表』では島根県の火山として、活火山である三瓶山のほか、横田《よこた》火山群、青野山《あおのやま》火山群、大根島《だいこんじま》、隠岐《おき》諸島などがあげられています。隠岐は因幡《いなば》の白ウサギとオオクニヌシの物語によって、「古事記」の神話の舞台にもなっています。

「出雲国風土記」で語られている国引き神話は、巨人のような出雲の神さまが大山と三瓶山を大きな杭として綱をかけ、海の向こうにある陸地を引き寄せるという内容です。大山と三瓶山という二つの火山が、古代の出雲世界のシンボルになっていることがわかります。二つの火山が沈静化していることもあり、現在の島根県に火山のイメージは希薄ですが、旧石器時代から始まる四万年近い日本史に目を向けると、九州をのぞく西日本では唯一の火山地帯であることがわかります。

火山活動の期間は何十万年という単位なので、長くても百年ちょっとの命の人間に比べると、まさしく神のごとき長寿の存在です。火山の活動が本当に終了したのか、それとも休止しているだけなのかは見きわめがたいところもあるため、近年は火山の専門家が死火山、休火山という言葉を使うことは少なくなっています。

完全な死火山を加えると、日本列島にはさらに多くの火山が存在することになります。あまりに遠い時代の火山活動であるため、火山の形状さえ失った火山の化石のような場所も少なくないのですが、本稿においてそれを無視できないのは、太古の火山活動によって形成された地質的な条件や風景が、神社信仰の背景をなしている事例があるからです。

のちほど詳しく述べることになりますが、紀伊半島の熊野はそうした太古の火山活動の痕跡地です。

阿賀《あが》神社（滋賀県東近江市）の鎮座する太郎坊山《たろうぼうやま》は鋭角的な山頂をもつ岩山で、七

阿賀神社の鎮座する太郎坊山

千万年前の巨大噴火に伴い、形成されました。古くから近江商人の崇敬を集めてきた歴史ある神社ですが、修験道の聖地としての一面もあります。

三五〇メートルほどの高さの山の頂上近くは、巨大噴火のときにできた流紋《りゅうもん》岩《がん》質の巨岩で覆われており、灰色のざらついた岩に囲まれるように阿賀神社の本殿があります。この巨大噴火は琵琶湖の一部をふくむ広い範囲に、「湖東カルデラ」と称される広大な陥没地形を出現させたと見られています。地質学の専門家による推定地形が正しければ、天台宗の総本山である延暦寺のある比叡山はカルデラの外輪山の一部です。

この噴火が起きた七千万年前は、日本

列島の土台となった土地がまだ大陸の東端にあったとてつもなく古い時代（白亜紀）です。完全なる死火山であり、もはや噴火した火口の場所さえはっきりしません。しかし、巨大噴火が作り出した地形や風景、そして目には見えないそれ以上の何かは、延暦寺や阿賀神社の歴史が示しているとおり、近江地方に濃密な宗教文化が生まれる母胎となっています。

実は出雲における古代信仰にも、太古の「見えない火山」が関係しています。それがこの章のメインテーマです。

## 「はじまりの地」としての出雲

「神社のはじまり」を探る旅の最初の目的地は出雲です。

出雲が「古事記」の舞台となるのは、スサノオが神々の世界を追放され、出雲に降り立ったときからです。日本列島と神々の住む高天原《たかまがはら》。出雲がふたつの世界をつないでいます。

なぜ、スサノオはほかならぬ出雲に来る必要があったのか。歴史的な背景があるにせよ、創作されたフィクションであるにせよ、出雲が神話と歴史をリンクする「はじまりの地」である理由があるはずです。

古事記神話のなかで、出雲の支配権はスサノオからオオクニヌシに継承されます。この神の別名として、所造天下大神《あめのしたつくらししおおかみ》、国作大己貴《くにつくりのおおあなむち》があるように、大国主（オオクニヌシ）という神名には、この世界を作りあげ、それを支配する偉大な神という意味が込められているともいいます。

アマテラスをはじめとする「高天原」の勢力が突然、オオクニヌシに地上世界の支配権の譲渡を迫ります。何度かの失敗のあと、タケミカヅチ（鹿島神宮の祭神）がアマテラスの使者として派遣されます。半ば脅迫めいた態度で、オオクニヌシに「国譲り」を迫り、それに成功します。それをうけて、アマテラスの孫にあたるニニギが地上世界に降りる「天孫降臨《てんそんこうりん》」へと物語は展開し、ニニギからはじまる天皇家の系譜が神話的な物語のなかで描かれています。

オオクニヌシはアマテラスの使者に対し、国譲りをする交換条件として、太い柱を立て、空高くそびえる神殿をつくるよう要求し、そうしてくれるならば、自分は「八十坰手《やそくまで》」（はるか遠い所。通説では霊界のこと）に隠れていましょうと答えます。国譲りの交換条件として造営されたこの神殿こそ、オオクニヌシを主祭神とする出雲大社であると信じられています。

出雲大社の創設神話でもある「国譲り神話」については、大きく分けてふたつの見

出雲大社（本書における、出雲大社関係の写真は同社提供）

解があります。ひとつは歴史的な事実とは無縁の、創作された物語という説。もうひとつは歴史的な出来事を背景とする神話だという説です。

前者の代表格は、この分野の昭和時代の名著として名高い『古事記の世界』（岩波新書）、『古事記注釈』（平凡社）の著者である国文学者、西郷信綱氏の説です。ヤマト王権のある奈良から見て東方、太陽が昇る伊勢にアマテラスが祀られ、夕陽の沈む西の果てにある出雲にオオクニヌシを祀る神社がつくられたと西郷氏は考えました。

国譲りについては、ヤマト王権が各地の土着勢力を支配していった歴史を「典型化した話」であり、出雲はヤマトに支配された豪族たちの象徴にすぎないというのです（『古事記注釈』）。

西郷氏の説は、文化人類学、構造主義など戦後の流行思想を古事記研究に応用したもので、現在においても相当の影響力をもっているようです。昭和期の考古学の成果では、古代の出雲にそれほどの繁栄が見えないとされていたことも、「象徴」としての出雲説を支えていました。

## 出雲王国論と怨霊説

その一方で、一九八四年に島根県出雲市の農村部で三百本を超える銅剣が発見されたのを手始めとして、弥生時代の繁栄の痕跡が次々と明らかになりました。相次ぐ考古学的な発見に触発されるように、今度は強大な政治力、軍事力を想定し、ヤマト王権に対抗する勢力が古代出雲に存在したという言説が飛び交うようになります。

梅原猛氏の『葬られた王朝――古代出雲の謎を解く』（新潮社）をはじめとして、「出雲王朝」「出雲王国」をタイトルに冠した著作が少なからず刊行されています。梅原氏はもともと「出雲王国論」の否定論者でしたが、相次ぐ発見に刺激され、旧説を放棄しました。

ヤマトvs.出雲の闘争という説の別バージョンとして、朝鮮半島か中国から渡来した弥生系の人びとが、出雲に割拠していた縄文系の先住民と争い、出雲の地から追い払ったという説もあります。

国譲り神話が史実であってもそうでないとしても、そこに見えるのは「敗者としての出雲」です。出雲を滅ぼしたのがヤマト王権であれ、大陸から渡ってきた弥生系の渡来民であれ、敗れ去ったのは出雲の神々（人びと？）です。

土地を奪われ、多くの命を失った出雲の人びとの怨念を鎮めるためにこそ、出雲に巨大な社《やしろ》を営む必要があった――という話がここから出てきます。

出雲大社の平成の大遷宮をとりあげたNHKの特集番組で、古事記研究で有名な三《み》浦佑之《うらすけゆき》氏（千葉大名誉教授）が、「祟りますからね、出雲の神さまは。（朝廷側が）恐れを持っていたのは間違いないと思う」と述べているのを見て、驚きました。

特定の神社の「祟り」が公共放送で指摘されたということに加え、出雲大社の全面協力でつくられているとおぼしき特集番組ですから、出雲大社も「祟る」ことを暗に認めているようにさえ見えたのです。

三浦氏の近年の著作『出雲神話論』（講談社）でも、国譲り神話の背景にヤマトによる出雲の軍事的侵略、出雲の政治勢力の滅亡という歴史的事実があったことが想定されています。

小説ではなく、エッセイですが、司馬遼太郎氏も「生きている出雲王朝」という文章を残しています。司馬氏は小説家になるまえ、産経新聞社の大阪本社で文化部の記者をしており、京都にある宗教記者会のメンバーだったこともあります。

司馬氏のエッセイによると、産経新聞で地方部長（各県にある地方支局を統括するポスト）に就いたこともある同僚が、出雲大社の神職を世襲していた家の出身だったそうです。しかも、その人の実家は、出雲大社の社家《しゃけ》（世襲の神職の家筋）のうち、国譲りよりも前から続く唯一の家系で、オオクニヌシの子孫であることを誇りにしているというのです。

出雲は何もかもヤマトに奪われた。それを思うと夜も眠れなくなる――。その同僚は陰鬱な表情で司馬氏に語りかけています。彼の実家では「古事記」にも書かれていないような古代史の秘密が代々、語り継がれているというのですが、その内容を問う司馬氏に対して、ほかに漏らすことは禁じられているのだと口を閉ざします。

近年、この人の血縁者とおもわれる著者の本が何冊か出ているので、ご存じの方もいるかと思います。

敗者としての出雲という視点からは、さまざまな説が提示されていますが、そのひとつが「オオクニヌシ＝怨霊」説です。代表的論者である作家の井沢元彦《いざわもとひこ》氏は、「出雲大社は大怨霊オオクニヌシを封じ込めた神殿である。これが出雲大社についての私の結論だった」（『逆説の日本史』小学館）と述べています。出雲大社とは「霊魂の牢獄」であるとまで言っています。

古代から現在に至るまで、出雲国の政治、経済の中心は今の松江《まつえ》市にありましたから、出雲国のなかでも出雲大社の鎮座地は辺鄙《へんぴ》な場所です。現在の公共交通でも事情は変わらず、出雲大社に行くには、出雲市の中心にあるJR出雲市駅からでも、バスで三十分くらいかかります。

交通不便というだけでなく、縄文時代にはすぐ近くまで海になっていたような場所ですから、出雲大社の鎮座地は本来、湿地のようなジメジメした場所です。出雲市出身の民俗学、神道史の専門家である石塚尊俊《いしづかたかとし》氏のような堅実な大学教授まで、「少なくとも古墳時代、さらには奈良・平安初期にかけても、この地区は出雲郡内でもむしろ最も条件の悪い所であったと想像せざるをえないのである」ときわどい内容の論考を書き残しています（『日本の神々――神社と聖地』第七巻／白水社／傍線は引用者による）。

## 客観的には小さな国である出雲

「出雲王国論」は学術的な歴史学者も巻き込んで、相当の盛り上がりを見せましたが、次第に話題にされなくなってきました。理由はいくつかあるのでしょうが、落ち着いて考えてみると、列島を半ば統一していたヤマト王権に匹敵するほどの軍事力、経済力が出雲地方にあったとは信じがたいということではないかと思います。

江戸時代の大名の格付けが、石高《こくだか》（領国でのコメの生産能力）で示されていたことでもわかるように、軍事的な動員力は農業生産能力に比例します。

江戸時代に出雲国を治めていたのは、松平《まつだいら》氏の松江藩ですが、十八万石ですから百万石を超える加賀《かが》藩などの大藩と比べると小さな藩です。

現代の統計を見ると、島根県の農業産出額は全都道府県のうち四十位台ですから、ただ地方の県でありながら農業は低調です。中国山地と島根半島の山地にはさまれ、ただでさえ少ない平地は宍道湖《しんじこ》、中海《なかうみ》に占められ、農耕にふさわしい平地が少ないからです。

出雲蕎麦、長野県の戸隠《とがくし》蕎麦、岩手県の椀子《わんこ》蕎麦を日本三大蕎麦といいます。出雲蕎麦は有名ですが、出雲米はあまり流通していません。水田稲作の適地でないことは常識的に理解できることです。

本稿で主な検討対象とする出雲大社、熊野本宮大社、諏訪大社の鎮座地はいずれも、水田稲作のうえでは条件の悪い土地です。新嘗祭《にいなめさい》をはじめとして、天皇家の宮中祭祀では「稲」がクローズアップされていることもあって、神道の祭祀の中核はコメの豊作祈願という印象があります。しかし、「国つ神」系のこの三社については、むしろその反対の傾向が見えます。

島根県は総面積で見ると、けして小さな県ではありません。しかし、その大部分は山地であり、県の人口ランキングでは最下位の鳥取県に次ぐ下から二番目です。人口規模が国力についての重要な指標であるのは言うまでもなく、この点から見ても、古代出雲が軍事的な大国だったことは想像しがたいのです。

ひと昔まえに書かれた出雲論を読むと、タタラ製鉄が出雲の経済力と軍事力の基盤であり、鉄産地の支配をめぐる争いが、出雲とヤマトの対立の原因になったという内容を目にします。しかし、こうした議論も昨今は下火になっています。

考古学的な調査によると、日本列島で製鉄技術が本格的に定着したのは弥生時代が終わったあと、古墳時代の六世紀ごろのことで、その中心は岡山県、広島県など山陽地方だったとされています。これは製鉄の原料が島根県に多い砂鉄ではなく、鉄鉱石が中心であったことと関係しています。

出雲でも相当に古い時期から製鉄がおこなわれていたことは、「出雲国風土記」の記録からもうかがえます。ただ、他地域を圧倒する全国一の大産地となるのは、砂鉄を原料とする製鉄システムが確立する中世から江戸時代のことです。鉄の歴史を単純に国譲り神話と関連づけるわけにはいかないのです。

## 「玉」と「神」との意外な関係

国譲り神話を政治的、軍事的に解釈する「出雲王国論」とは距離をおいて、本稿では別のアプローチによって、出雲大社のはじまりに迫ろうと思います。それは出雲という土地の歴史と風土をできるかぎり深い地点まで掘り下げ、そこに出雲大社のはじまりの気配を探るという方法です。

日本列島の「ものづくり」の歴史のうえでいえば、出雲は鉄の産地という印象が強いですが、古墳時代には全国最大の玉作り産地でした。朝廷との強い結びつきもふくめて、最もよく知られた玉作り産地です。

鎌倉時代以降、その伝統がとだえますが、江戸時代、今度は観光的な意味をおびて復活します。現在も複数の業者によって、地元の石をつかった玉作りが継承されています。

出雲の玉作りの材料は、碧玉、メノウ、水晶です。私は鉱物マニアというほどの収集活動はしていませんが、この分野の指導的な学者、松原聰氏の『日本の鉱物』(学習研究社)というフィールドワーク用のミニ図鑑が手元にあるので、関連項目をみてみました。

石英《せきえい》という大きな項目のなかに玉髄《ぎょくずい》があり、その中でさらに玉髄の一種としてメノウが出ています。この図鑑によると、微細な石英がつくりだした緻密な塊が玉髄であり、メノウの分類上の目安は縞模様のあるなしだと書かれています。一方、出雲の玉作り業者は、赤系統で透明感のあるものを赤メノウ、青系統では濃い緑色で光沢のあるものを碧玉あるいは青メノウと呼んでいます。

碧玉は漢字のうえでは緑色の玉という意味ですが、鉱物学の用語としては、赤色、黄色のメノウに似た石もふくむジャスパー(jasper)の訳語になっています。

考古学、鉱物学、玉作りの業者など、それぞれの立場によって用語に込める意味がすこしずつ違うので、玉髄、メノウ、碧玉という用語の区別はやや混乱しています。

本稿の中心的な話題は古代の玉作りなので、考古学の慣例に従って、玉髄のなかでも、赤や黄色系統のものをメノウ、深緑色で透明感のないものを碧玉と呼ぶことにして話をすすめることにします。玉髄はメノウ系の石の総称ということになります。玉作りの主要な材料である碧玉の採れる地域はかぎられており、四大産地が知られています。新潟県の佐渡島《さどがしま》、石川県小松《こまつ》市、兵庫県豊岡《とよおか》市、そして出雲地方、現在の地名では島根県松江市玉湯町《たまゆちょう》です（古代歴史文化協議会編『玉――古代を彩る至宝』ハーベスト出版）。

水晶も出雲の玉作りの材料でしたが、これも『日本の鉱物』では石英の一種として掲載されています。

磁器の有田焼（佐賀県）をはじめとして、原料の産地にそれを利用した産業が育つことは歴史の必然ですが、玉作りは単なる製造業ではありません。古代の精神文化や信仰の領域にかかわる「ものづくり」です。勾玉《まがたま》は今も「お守り」として売られており、伝来の勾玉は多くの神社で社宝とされています。

日常の日本語でタマというと、ピンポン玉、パチンコ玉のように球状の物をさすのが普通ですが、代表的な国語辞典である「広辞苑」では第一の用例として、「美しい宝石類」をあげています。歴史的にいえば、こちらが本来の意味であるようです。アルファベットのCの形に似た勾玉、パイプ状の管玉《くだたま》のように、球状ではない玉があることを見てもそれがわかります。

古墳時代、日本列島に漢字の文化が定着し、タマという言葉が玉、球、珠という漢字とむすびつく以前から、この言葉があったのは間違いありません。タマという言葉には意外なニュアンスが込められていたことを、国文学者であり民俗学の研究者でもあった折口信夫《おりくちしのぶ》はこう述べています。

日本人のたまに対する考へ方には、歴史的の変化がある。日本の「神」は、昔の言葉で表せば、たまと称すべきものであった。それが、いつか「神」といふ言葉で飜訳せられて来た。(中略)或時はたまとして扱はれ、或所では、神として扱はれて居るのである。(「霊魂の話」、傍線は原文のまま)

折口信夫は神職の養成機関でもある國學院大學で国文学を学び、その後、教授をつとめたので、神道界とは深くかかわっています。神道研究の主流ではないとしても、この分野の重要人物です。

折口説によると、タマには善悪の二種類があって、良いタマは「神」となり、邪悪な方面がモノと呼ばれるようになったというのです。モノノケという場合のモノです。

この説が正しいとすれば、勾玉など祭祀にかかわるタマは、単なる祭祀の道具ではなく、神そのものに近いことになります。神を宿すことのできる美しい石が玉です。石ならなんでもいいのではなく、光沢があったり、透明感があったりする特別な石が選ばれたのは当然のことです。

## オオクニヌシと国造さんの銅像

出雲大社が正式名称となったのは明治時代になってからで、「出雲国風土記」をはじめとする古代の文献には、「杵築大社《きづきのおおやしろ》」と出ています。「天日隅宮《あめのひすみのみや》」もよく使われている古い呼び名です。

諏訪神社、熊野神社に比べて、全国に鎮座する出雲神社の数が少ない印象があるのは、出雲大社という社名が新しいことも関係しています。オオクニヌシ、スサノオなど出雲系の神を祀っている神社をふくめると、出雲系の神社の数はずっと多くなります。

江戸幕府との関係が深かった東京の神田神社（神田明神）は、平将門とともにオオナムチ（オオクニヌシの別名）を主な祭神としていますが、出雲系の神社といえるかどうかは微妙です。どこまでが出雲系の神社かという基準はなく、統計的に出雲信仰

千家尊福銅像

の広がりをみるのは難しい問題です。出雲大社の偉大さは、分社、支社の数ではなく、出雲大社そのものの存在感によって示されています。

出雲大社境内の参道とまっすぐにつながる門前町の商店街が終わり、鳥居をくぐったあと、最初に目に入るのが千家《せんげ》尊福《たかとみ》の銅像です。江戸時代に生まれ、大正時代に亡くなった出雲大社の宮司ですが、サーベルを腰にした洋装の銅像です。貴族院議員になったのをきっかけとして政界、実業界でも活躍した歴史上の著名人です。司法省の大臣、東京、埼玉、静岡の知事などを歴任し、東京の路面電車を運営する東京電鉄の社長も務めています。

宗教家としてのキャリアを見ると、出雲大社の宮司を三十代半ばで辞し、現在の「出雲大社教」の前身にあたる新教団を設立、初代管長に就きました。明治政府が国家神道の政策をすすめるなかで、出雲大社がその下部組織になることへの危機感があったからだといわれています。教団を設立するとともに、千家尊福は全国各地での本格的な布教活動に乗り出しています。

出雲大社は一般の参詣者や観光客に開かれた神社でありながら、独立した教団の宗教活動の拠点にもなっています。出雲大社教は教派神道（金光教《こんこうきょう》、天理教《てんりきょう》、黒住教《くろずみきょう》、御嶽教《おんたけきょう》などの十三宗派）と呼ばれる神道系宗教団体のひとつです。教派神道の祭神はさまざまですが、出雲大社教ではオオクニヌシです。

出雲大社は神社本庁の傘下にある神社のひとつでありながら、独自の教えを持つ教団組織をもっているのです。この二重性とでもいうべきものが、出雲大社にほかの神社には見えない性格を与えています。教団組織が設立されたのは、明治政府による統制から独立性を守るためでもありました。したがって、戦後は教団と神社の一体化がすすんで、戦前ほどの独自性は見えなくなっていると聞きます。

出雲大社の宮司は世襲で、「国造《こくそう》さん」と呼ばれていますが、千家尊福は八十代の出雲国造です。国造（くにのみやつこ、こくぞう）とは、律令制度が整う以前、朝廷によって任命された地方の首長のことです。中央集権の政治が定着するにつれて、政治、軍事上の権威はことごとく奪われ、在地の神社の神官として家系をつなぎました。

地域社会の宗教的シンボルとしての「国造」が、中世、近世まで存続したのは出雲、紀伊《きい》、阿蘇くらいです。そのなかでも出雲国造の地域社会における地位は高く、現在まで続く一種の「生き神さま」であるともいわれています。

千家尊福は「年のはじめのためしとて♪」ではじまる唱歌「一月一日」の作詞者としても知られており、才能豊かな人だったことがわかります。出雲大社にとっては、中興の祖というべき人物なのだと思います。

神主の姿ではなく、洋服を着ている理由は、政治家、実業家、文化人としての功績を顕彰するため、地元の有志がたてた銅像という趣旨を示しているのかもしれません。しかし、千家尊福が郷土の偉人であるとしても、経歴の根幹は出雲大社の宮司であったことです。全国調査をしたわけではありませんが、宮司の銅像を境内にもつ神社は非常に珍しいと思います。

オオクニヌシ銅像

神社を訪れても、祭神の名前がよくわからないまま、帰ることがあります。ほとんどの神社では、看板や由緒書《ゆいしょが》きなど文字情報でしか祭神の名前を伝えていないからです。

ところが、出雲大社では参道を進んでいくと、身長四メートルくらいはありそうなオオクニヌシの銅像があり、巨大な「玉」を拝んでいます。おなじみの「因幡《いなば》の白ウサギ」と並んだオオクニヌシの銅像もあります。

ちなみに、伊勢神宮は神域を歩いても、みごとなほど何もなく、その静謐《せいひつ》さによって聖域であることを主張しているかのようです。もちろん、アマテラスの銅像、歴代天皇の銅像を見ることもありません。神社のあり方としてはそれが普通です。

出雲大社については、注連縄《しめなわ》の巨大さや、こしらえ方が普通とは左右反対であることなども話題になります。

出雲大社境内には、千家尊福の銅像とオオクニヌシの銅像があるのですが、千家氏がオオクニヌシの子孫というわけではありません。先祖神でもないオオクニヌシを、一族が世代を重ね、すさまじいほどの緊張感をもって祀りつづけているのです。そこに出雲大社の複雑さと謎があります。

## 出雲大社の宮司家は昔から天皇の親戚？

出雲大社の宮司家の跡継ぎである男性と皇室の女性が二〇一四年にご成婚されたことは、神話的な過去において兄弟だったふたつの家系が、再び交わった結婚だと話題になりました。出雲大社の主祭神であるオオクニヌシが、結婚、恋愛の良縁をかなえてくれる「縁結びの神さま」であることも、この話題に神秘的な色合いを添えました。

千家氏が天皇家の遠い親類のように見なされるのは、千家氏が始祖と仰ぐアメノホヒの系譜にもとづくものです。

古事記などに記された神話的な系譜によると、アメノホヒはアマテラスの子どもです。天孫降臨により地上世界に降り立った天皇家の始祖神であるニニギは、アマテラスの孫なので、このふたつの家系はアマテラスを始祖とする系図のうえでは遠い親戚ということになります。あくまでも神さまの系図の上で、という話ではありますが。

アマテラスの子といっても、この女神が懐妊し出産したわけではありません。出雲国造家、天皇家の先祖は、アマテラスが身につけていた勾玉の破片から出現したという理由で、アマテラスの子とされているのです。ここでも「玉」が重要なアイテムになっています。スサノオが高天原を追い出され、出雲へ降臨する直前の「うけい」の場面です。

優等生タイプの姉アマテラスに対し、スサノオは手に負えない素行不良の弟というキャラクターで、父神イザナギによって、神々の世界からの追放を宣告されます。

その直後、スサノオが高天原に近づくと、アマテラスは自分の領国を弟が奪いに来たのではないかという疑いをいだきます。スサノオは、

「お別れのあいさつをするために訪問しただけです」

と、悪意がないことを告げます。それを証明するため、子どもを生むことを提案するのです。これが「うけい」です。「祈請／誓約」などの字があてられ、神に祈って成否や吉凶を占うことだといいます。

この場面では、スサノオが高天原を侵略しようとする意思があるかないかが問われています。ところが、最も重要な判定ルールを決めないまま、「うけい」の子作りは始まります。スサノオの剣を受けとったアマテラスは、剣を三つに折り、かみ砕きます。すると、その息から三柱の女神が出現しました。世界遺産に登録されている福岡県の宗像《むなかた》大社の祭神である女神たちです。

一方のスサノオは、アマテラスの勾玉を受けとり、かみ砕きます。すると、その息

からは出雲国造家の先祖と天皇家の先祖をふくむ五柱の男神が誕生しました。

アマテラスの勾玉から生まれた男神たちはアマテラスの子であり、スサノオの剣から生まれた女神たちはスサノォの子であるというルールは、「うけい」が終わったあとに決められ、その結果をもとに、スサノオは、

「私が女の子を得たのは心が清明であるからです。したがって私の勝ちだ」

と一方的に勝利宣言します。

勝ち誇ったスサノオは、田んぼの畦《あぜ》を壊したり、田んぼでウンコをしたりの大狼藉をはじめる。織物をする家の屋根に穴をあけ、皮をむいた馬を投げ込んだので、驚いた女が機織りの器具で陰部を衝いて死ぬ。これを見たアマテラスが激怒し、岩の洞穴に隠れてしまい、世界は光を失って永遠の夜となる――。「常夜《とこよ》神話」あるいは「岩戸隠れ神話」として有名な場面です。

以上は、「古事記」の該当箇所の要約ですが、「日本書紀」では同じ話が、微妙に違った内容になっています。

## 勾玉から生まれた出雲国造家の先祖

アマテラスとスサノオによる「うけい」によって、出雲国造家と天皇家の先祖にあ

たる神々が誕生しているのですから、神話から歴史的な事実をくみとることにこだわる論者から、「うけい」の場面は、アマテラスとスサノオによる性行為の比喩的な表現であるという見方が出るのは当然のことです。

神話のうえでこの二神は姉と弟という設定ですが、実は夫婦だったということになり、スサノオは奥さんに激怒され、家を追い出された哀れな男という解釈も可能になります。詮索をはじめればきりがありませんので、神々の子作りは、私たち人間が思いも及ばない神秘の世界に属するのだということで納得しておきたいと思います。

ここで注目すべきは、出雲国造家、天皇家の先祖神たちが、勾玉の破片を「物実《ものざね》」(材料のこと)として誕生していることです。

天皇が皇位を継承するとき、その地位のシンボルとして受け継いできた「三種の神器」は、剣、鏡、勾玉です。草薙剣《くさなぎのつるぎ》、八咫鏡《やたのかがみ》、八《や》尺瓊勾玉《さかにのまがたま》という名称で知られています。

「剣」によって象徴されているのは軍事や武力です。「鏡」の担当領域は、政治、裁判、学問などリアリズムの領域だと思います。「大鏡」「増鏡」などの歴史物語のタイトルに「鏡」がついているのは、鏡とは現実を映す道具であるからです。勾玉が表象するのは、軍事や政治が及ばない「神」の領域です。

現代の「三権分立」とすこしだけ似た話として、三種の神器は、政治（鏡）、軍事（剣）、宗教（勾玉）という古代社会の三つの権威を象徴しているという説がありま す。本稿のテーマは神社ですから、注目するのは勾玉です。

出雲国造家の先祖神が、剣、鏡ではなく、勾玉を材料として出現しているのは、この家系が、軍事、政治よりも祭祀をもっぱらとする人たちであることを示唆していま す。

勾玉は曲玉とも書かれるように、曲線に加工された美石です。Cの字に似た形の由来については、①動物の牙②三日月③胎児など諸説がありますが、はっきりしません。縄文時代から作られており、弥生時代、古墳時代へと継承されています。

勾玉はブローチのような装身具として用いられたようですが、古墳をはじめとする埋葬施設で数多く見つかっており、宗教性の濃い遺物です。

## 三種の神器の勾玉は出雲で作られたのか

三種の神器は、いつごろ、どこで作られた物なのでしょうか。箱のなかに収まった三種の神器を見ることは、天皇でさえ禁じられているそうですから、学者の調査など及びようがありません。

三種の神器のうち、剣、鏡は輸入品である確率が高いと思います。そう考える根拠は、古墳時代、弥生時代の王墓とされる遺跡からは、中国、朝鮮半島から伝来した剣、鏡が数多く見つかっているからです。国産品は技術的に劣っていたので、舶来品のほうが珍重され、宝物として大切にされていました。

三世紀に書かれた中国の史書「三国志《さんごくし》」所収の「魏志倭人伝《ぎしわじんでん》」には、中国の魏の皇帝から邪馬台国《やまたいこく》の女王、卑弥呼《ひみこ》に贈られた百枚の銅鏡のことが記されています。有名な「卑弥呼の鏡」です。これとは反対に、日本からの献上品リストには、大きな青い勾玉（原文「青大句珠」）が見えます。

「魏志倭人伝」は、日本列島の鉱物資源について、「真珠、青玉を出だす。その山には丹《に／たん》あり」（原文「出真珠青玉其山有丹」）としるしています。「青玉」は翡翠、メノウなど緑系統の石、「真珠」は現在も日本の特産品であるパール、「丹」は朱色の鉱石である辰砂（水銀朱）だと見られています。

新羅《しらぎ》、高句麗《こうくり》、百済《くだら》の時代の朝鮮半島についての史書「三国史記《さんごくしき》」の日本に関するくだりには、百済王は古墳時代の倭国に使者を送って「大珠」を求めさせ、倭国からは「夜明珠」が送られてきたという記述があります（『三国史記倭人伝』岩波文庫）。

このように、美しい「玉」が古代日本の代表的な産物であることは、東アジア世界で周知の事実だったのです。日本列島が「玉の国」という一面をもっているのは、神社のはじまりを考えるうえでも無視できないことです。「玉」と宗教との関係はとても強いからです。

勾玉の造形が縄文時代の日本列島に起源をもつことは考古学の資料によって明らかです。こうした根拠によって、「三種の神器」のうち勾玉については、ほぼ確実に日本製であると考えられています。

そうであるならば、各地の玉作り産地のうち、天皇家に伝わる三種の神器の勾玉の製造地はどこなのだという問題になります。

出雲の玉作り産地である玉湯町は、平成の大合併で松江市に編入されるまで、独立の自治体でした。玉作り産地は全国各地にありますが、『玉湯町史』には、地元の伝承として、「三種神器の一つである八尺瓊勾玉を初め、多くの玉類をこの地で作った」と書かれています。私もこの説に賛成します。

状況証拠はいろいろありますが、出雲の玉作り産地は朝廷に直結しており、朝廷の祭祀で重要な役割を演じているからです。ほかの玉作り産地には見えないことです。

「日本書紀」には、スサノオが羽明玉《はあかるたま》という神から勾玉をうけとり、アマテラスに献上するという場面があります。スサノオは出雲神族の代表格なのですから、これも状況証拠のひとつです。

## 玉作りの山は一五〇〇万年前の火山

出雲地方に国内最大の玉作り産地が形成されたのは、松江市玉湯町にある花仙山《かせんざん》が質量ともに卓越した原料供給地だったからです。深緑色の碧玉（青メノウ）、透明感のある赤や黄色系統のメノウ（赤メノウ）、水晶がとれました。なかでも碧玉は「出雲石」として珍重されました。八世紀に編纂された「出雲国風土記」にも、意宇《おう》郡（松江市、安来《やすぎ》市などに相当）の項に「玉作山」が記録されており、花仙山の周辺が玉作りの現場であったことがわかります。

外見は標高二百メートルほどの平凡な山ですが、花仙山は千五百万年前、激しい噴火を重ねていた火山の痕跡です。あまりにも古い火山なので、どのような形をした、どれほどの大きさの火山であったのかわからなくなっていますが、この山は噴火時の溶岩が固まった安山岩《あんざんがん》でおおわれています。

玉作りの材料である碧玉や赤メノウは、安山岩質の溶岩の割れ目に、マグマの残液がたまり結晶化したものだと説明されています。近年の採掘は限定的ですが、美しい緑や赤の石は、細長い鉱脈として見つかっています。ごく一部ですが、採掘跡が公開されています。

地質年代でいえば、新第三紀の中新世。大陸の東端が分裂し、日本列島の原形ができあがった千五百万年前に活動した火山が美しい石を残しているということです。大げさに表現すれば、花仙山の石には、地質学的な「国産み」の時代の名残がとどめられているのです。

そのころ、もちろん人類は住んでいません。恐竜の時代は終わり、哺乳類が地上世界の主役になっているものの、人類の先祖はアフリカにいて、ゴリラ、チンパンジーともまだ分岐していない「サルの時代」です。

花仙山のふもとに広がる丘陵地には、玉作りを営む集落の跡が何か所も見つかっており、そのうちのひとつ宮垣《みやがき》地区が史跡公園として整備されています。

玉作り産地としての研究は戦前からありましたが、戦後の発掘調査で数多くの玉作り工房の跡が見つかり、そこからは未完成の玉や原石、玉を磨くための砥石《といし》、穴を開けるための鉄製工具などが出土しています。一連の調査によって、原料となる石の調達から、最終的な仕上げまでおこなう一貫生産の現場だったことが確実になりました。

史跡公園には、弥生時代の竪穴《たてあな》式住居が立ち並び、古代の玉作りの里のようすが復元されています。公園に隣接して資料館があり、発掘の成果や玉作りの技法が紹介されています。

花仙山のふもとの山道をすこし歩いただけですが、枯れ葉の下にまぎれたメノウまがいの緑色、赤色の石の破片をいくつか見つけることができました。とはいうものの、小指の爪くらいのサイズで光沢も弱いので、玉作りの材料にはなりそうにありません。

花仙山を中心とする出雲での玉作りは、弥生時代にはじまり、古墳時代に最盛期を迎えます。その後、朝廷とのかかわりを深めながら、国内最大の産地として、平安時代まで存続しています。

玉作りの産地は全国各地にありました。宮城県、茨城県、千葉県、大阪府などでは、「玉造」の地名としてその歴史を今にとどめています。ほぼすべての産地が古墳時代の終わりとともに玉作り産地としての歴史を終えています。そのなかで出雲の産地だけが、製造品のリストを変えながらも、奈良時代、平安時代になっても玉作りをつづけています。

全国の玉作り遺跡の調査結果を網羅した『日本玉作大観』（吉川弘文館）で、この分野の第一人者である寺村光晴氏は、出雲だけが飛び抜けて長い産地としての歴史をもっていることについて、「それは単に原材が豊富というのみでなく、出雲国の政治的存在にゆえんするものと観察される」と述べています。

問題となるのは、出雲の政治力です。それは軍事力、経済力によるものではなく、出雲大社の歴史につながる宗教的な権威だったのではないか――ということを、この章では「玉」を手がかりに探ろうとしています。

## なぜ、玉造温泉は「神の湯」なのか

出雲玉作史跡公園のある丘陵地から下った川沿いは、観光地として有名な玉造温泉の旅館街です。

歓楽的な施設はほとんどなく、格調と歴史を誇る温泉街として知られています。日本列島における温泉利用の起源を確かめるのは非常に難しいことですが、文献のうえで最古の温泉を探すとき、この玉造温泉はその最有力候補です。

「出雲国風土記」の意宇郡のくだりでは玉造温泉について、「川の辺に出湯《いでゆ》あり」と記されています。ひとたび湯を浴びれば容貌は美しくなり、ふたたび浴びればどんな

玉造温泉・玉湯川（以下、出雲大社以外の写真は著者が撮影）

病気でも治る。昔から今まで、効き目がなかったということがない。それゆえに、土地の人びとは「神の湯」と呼んでいるというのです。

「出雲国風土記」には、いくつもの温泉が記録されていますが、「神の湯」とされているのは玉造温泉だけです。

私には、風土記の時代の「神の湯」から現代の「美人の湯」に至るまで、玉造温泉の歴史には、ひとつの素朴な信仰があるように思えます。

碧玉や赤メノウ、水晶の鉱脈をもつ花仙山そのものが「神の山」である。その山が産み出す美しい石の微細な成分と霊威をとかしこんだ温泉であるゆえに、その湯は人間の顔かたちも美しく磨き上げる——。そうした連想にもとづく信仰を古代の人たちも、現代人もいだいているのではないかということです。

玉造温泉の源泉は六〇〜七〇度前後で、かなり高温の温泉です。活火山のないこの町で、なぜ、これほど高い温度の温泉が出るのかということについては従来、花仙山として痕跡をとどめる太古の火山活動をもたらしたマグマが、その余熱によって玉造温泉の熱源になっていると説明されてきました。

別の説もあって、熱源の問題は未解明ですが、美しい石を生み出した太古の火山活動が、神話的な存在感をもつ玉造温泉の原因となっているのはまちがいありません。

「出雲国風土記」をはじめ古代の文献は、玉造温泉のことを「玉作り湯」と記録しています。現在の地名は玉湯町です。地名そのものが、「神の湯」を暗示しています。

温泉街の中心から川に沿って上流方向にすこし歩いたところに、玉作湯《たまつくりゆ》神社が鎮座しています。この神社は、「出雲国風土記」に記録されている「玉作湯の社」の流れをくむ神社とされており、境内そのものが玉作りの遺跡でもあります。石段をのぼった先に社殿があり、当地の玉作り集団の先祖神である櫛明玉《くしあかるたま》とともに、オオクニヌシとその相棒であるスクナヒコナの神が祀られています。

この二神には「温泉の神」としての性格もあります。オオクニヌシとスクナヒコナは全国各地の温泉地で、温泉の発見者として顕彰され、神社の祭神となっています。

玉作湯神社のすぐそばを流れる玉湯川の川岸のほうに歩いてゆくと、「川辺の出湯跡」を示すパネルが目に入ります。川の改修工事によって、現在は撤去されていますが、川のなかに石囲いの露天風呂の痕跡があったそうです。現在、「川辺の出湯跡」から温泉の自然湧出は起きていません。昔は湧き出る湯と川の水が混じって、ちょうど良い湯加減になっていたということなのでしょう。

## 天皇に献上される出雲の玉

ヤマト王権が日本列島の大部分をまとめあげたあと、各地に国造という地方官が任じられていたことは先に申し上げました。各地にいたほかの国造とは異なる、出雲国造だけのつとめとして、新任のさいに都に赴き、天皇の御前でその治世の長久と繁栄を言祝《ことほ》ぐ賀辞《がじ》を奏上するのが慣習でした。そのときの祝詞《のりと》が「出雲国造神賀詞《いずもくにのみやつこのかんよごと》」です。

「出雲国風土記」によると、「神の湯」のあるエリアは、出雲国造（出雲大社の宮司）が朝廷に参上する前後の時期に、身を清めるための「御沐《みそぎ》の忌里《いみさと》」だったというのです。神道史の専門家である岡田精司《おかだせいし》氏は、「国造が潔斎《けっさい》＝ミソギをした温泉が現在の玉造温泉です」と明言しています（『新編 神社の古代史』）。

潔斎の期間は二年以上に及び、この間、二度も上京し、天皇に拝謁します。あまりにも長い期間について、「出雲国風土記」の研究者として著名な瀧音能之《たきおとよしゆき》氏は次のように述べています。

それにしても、身を清める必要のある神聖な儀礼だったという想像はできるものの、何のために二度も繰り返していたのか、理由は説明されていません。そもそも一年間の国造の潔斎ということ自体が異例なものであるのに加え、それを二度も繰り返すのですから、これは異例を超えて異常といってよいかもしれません。
（『出雲大社の謎』朝日新書／傍線は引用者による。以下同）

潔斎と称して、合計二年間も温泉三昧の日々を送れるなんて良い身分だなあとうらやむ人がいそうですが、当然ながらそんな気楽な話ではないはずです。

「出雲国造神賀詞」の全文は「延喜式《えんぎしき》」（平安時代に編纂された、儀式や制度についての施行細則）に掲載されています。

天皇の御代のますます栄えることを言祝ぐとともに、出雲国造家の先祖であるアメノホヒが国譲りのとき、どれだけ大きな貢献をしたかをアピールしています。「古事記」では、アメノホヒは妥協的すぎる交渉者として描かれているので、すこし違った内容です。出雲の神であるオオクニヌシとその子どもたちが、三輪《みわ》、葛城《かつらぎ》など大和《やまと》にある神社の祭神となり、天皇を守護していることも述べられています。奈良県桜《さくら》井《い》市の大神《おおみわ》神社、御所《ごせ》市の鴨津波《かもつば》神社、高鴨《たかかも》神社の祭神が出雲系であることに対応しています。

出雲国造が天皇のまえで、「神賀詞」を奏上するとき、もろもろの宝物類とともに、出雲産の「玉」が献上されたと、「延喜式」の臨時祭のくだりに記録されています。「玉六十八枚」であり、その内訳は「赤水精八枚、白水精十六枚、青石玉四十四枚」です。白水精は水晶のこと、赤水精は赤メノウ、青石玉は碧玉です。

そのほか、「御富岐玉《みふきたま／みほぎたま》六十連」も献上されました。碧玉、赤メノウ、水晶の三色を組み合わせたネックレスのようなものだと考えられています。

花仙山の玉を献上したうえで、出雲国造に新任する出雲大社の宮司は「出雲国造神賀詞」を天皇のために詠み上げました。その文言のなかにも、三色の玉が見えます。

白玉のように髪が白くなるまで長生きをなされ、赤玉のように顔色がすぐれ、青玉のようなみずみずしい姿で世を治めてくださいと、天皇の御代の長久であることを言祝ぐのです。（原文「白玉の大御白髪まし、赤玉の御あからびまし、青玉の水江玉の行相に、明御神と大八嶋國しろしめす天皇命の手長の大御世を……」漢字の一部を仮名で表記）

「出雲国造神賀詞」はこの時代の定番のとおり、天皇の長寿を祈っています。しかし、それは単なる美辞麗句ではなく、物質的な根拠をもっていました。出雲の花仙山で採取された白、赤、緑の玉です。

出雲の玉に期待されていたのは、天皇個人の健康増進のための効果だけではなく、天皇の肉体に象徴されている日本国全体の安寧と発展であると思います。日本列島に住むすべての人たちの幸福、もしかすると、動物、植物、農作物もふくめて、生きとし生けるものすべての安寧であったのかもしれません。

出雲国造による一連の儀式からは、出雲の大地から生まれる霊威を、都に住む天皇に届け、天皇をとおして、日本の国土にあまねく広げる——というメカニズムを推定することができると思います。

## スーパーパワーストーンの山

神社や神道の歴史を語るとき、パワーストーンという言葉をもちだすのは、安易すぎるとしかられそうですが、出雲国造が天皇に献上している出雲の玉は、その中でも最大の効能を誇るスーパーパワーストーンです。天皇の健康と長寿をねがう「出雲国造神賀詞」の文言でも、パワーストーンとしての効果がアピールされています。

「パワーストーン」は、『広辞苑』に立項されており、「和製英語。活力や癒しなど特別な力が宿るとされる石。ヒーリングストーン」と説明されています。

ウィキペディアの日本語版には「パワーストーン」の項目ができていますが、英語版に移動すると、〝Crystal healing〟という項目名になっており、記述内容もかなり違っています。英語版では、疑似科学、プラシーボ効果くらいしか期待できないエセ医療という点が日本語版より強調されています。怪しい、いかがわしいという評価は、欧米の現代社会の常識を反映しているのでしょう。

出雲国造はさしたる医療効果が期待できないのに、もっともらしい言葉で飾りながら、出雲産の玉を献上したのでしょうか。もちろん、そうではありません。

朝廷の儀式としておこなわれた出雲国造による一連の行為は「祭祀」であり、宗教的な伝統行事に近いものです。

国造とは、ヤマト王権の支配下に組み込まれる以前に各地方を支配していた豪族の子孫ですから、出雲国造のこうした一連の儀式については、地方の豪族を服従させた歴史を演劇のように再現しているという説があります。ただ、それならば、関東の国造であっても、九州の国造であってもいいということになります。

出雲大社の宮司でもある出雲国造でなければ、このミッションを果たせないと当時の人たちが考えていたとしたら、その理由は何なのかということになります。

この問題の核心には、玉造温泉での潔斎があるように見えます。そこは玉作りの山である花仙山のふもと、山そのものがパワーストーンであるような特異な土地です。長期におよぶ玉造温泉での潔斎とは、千五百万年前の火山である玉作りの山から湧き出る「神の湯」に身を浸し、その霊威を身にまとうことでした。出雲の大地の歴史から考えると、花仙山の「玉」とともに、玉作りの山の霊的成分をふくんだ「神の湯」こそ、出雲国造の宗教的な権威の源泉であるように思えてきます。

平安時代の出雲国造は、政治的な権限をほとんど失い、現実の社会においては出雲大社の宮司にすぎませんでした。その出雲国造が新任するときにだけ、二年におよぶ潔斎の期間があり、二度、天皇に拝謁することについてはさまざまな説があります。神道研究者の菅田正昭氏は、長い潔斎を経て、「大国主神の神霊を宿す〈現人神《あらひとがみ》〉となり、再び天皇の前でその安泰を寿《ことほ》ぐのである」と述べています（『日本の神社を知る「事典」』日本文芸社）。

出雲国造家の当主は宮司職を世襲し、出雲大社でオオクニヌシを祀っていますが、先述したとおり、系図のうえでこの神の子孫というわけではありません。新しく出雲国造の地位に就く人が〝オオクニヌシ化〟するためにこそ、玉作りの山のふもとの玉造温泉での潔斎は必要だったというのです。諸説あるうち、私はこの説に最もリアリティを感じます。

太古の火山がもたらした「玉」と「温泉」のエネルギーによって、現人神にも似た、新しい世代の出雲国造が誕生するということです。

パワーストーンという和製英語が定着したあと、各地の寺社の門前町で「玉」や「石」を販売する店を、以前よりもよく見かけるようになりました。出雲大社の門前にある「神門通り」の商店街でも、神社に近い一等地に、勾玉や石の装身具をあつかっている店がいくつかあります。

創業明治という老舗までパワーストーンの看板をかかげているのは、ブームに便乗しているようにも見えますが、そうとばかりは言えないところがあります。

詐欺まがいの商売は抜きにして、パワーストーンの「お守り」をもつのは悪いことではないと思います。玉作湯神社をはじめとして、出雲地方の神社の多くでは、碧玉やメノウでできた「お守り」が販売されています。私もひとつ所持しています。

西洋の占い師が水晶の玉をつかうように、美しい玉が神秘の領域にかかわることは、世界のどこにでも見られることです。その機能をどこまで認めるかはそれこそ信仰の領域に近い問題ですが、最低限に見積もっても、そうした美石には人間の精神を集中させる機能があると思います。

古代の社会で勾玉をつかった祭祀がどのように実践されていたのかは、歴史学、考古学が答えあぐねる難問ですが、祭祀において精神の集中が最もたいせつであることは言うまでもありません。もちろん、「玉」にはそれ以上の役割があったはずです。

出雲の花仙山の碧玉や赤メノウがそうであるように、「玉」の材料になりうる石の多くは、火山活動にともなって形成されました。日本はそうした美石に恵まれた「玉の国」としての歴史をもっています。火山列島における信仰のはじまりが、「玉」と強く結びついているのはきわめて自然なことだと思います。

美しい石には「神」が宿り、それをタマと呼んだ。そうした古代信仰の歴史は、日本人の感覚のなかにかすかな記憶として残存しているはずです。「玉」をめぐる歴史の中心にあったのが、ほかならぬ出雲であり、それが出雲大社のはじまりと無関係であるとは思えないのです。

# 第二章　石器と玉作りの道——出雲から北陸、関東、東北へ

## 古木とイワクラ——建物のない原初の〝神社〟

この章では考古学的なデータを手がかりとして、出雲を起点とする信仰の広がりを考えてみます。地理的な距離のうえでは、北陸、関東、東北まで見渡し、時間的には十万年前の中期旧石器時代にさかのぼることになります。

出雲大社は有名な神社であり、山陰を代表する観光地ですが、遺跡としての顔ももっています。考古学的な調査の成果は『出雲大社境内遺跡』と題する報告書として何冊も刊行されています。二〇一七年刊行の報告書を読んでいたら、「出雲大社境内遺

跡」とは、「縄文時代晩期から現代まで続く複合遺跡である」という簡潔な定義があって、なるほどと納得しました。

複合遺跡とは、同じ場所で異なる時代の暮らしの痕跡が見つかる遺跡のこと。つまり、出雲大社およびその周辺では、縄文時代、弥生時代、古墳時代、鎌倉時代など幾層もの遺跡が重なり、近代、現代まで続いているのです。

もちろん、出雲大社の境内で縄文時代の遺物が見つかったからといって、縄文人による宗教的な営みがあったという証拠にはなりません。このあたりには縄文時代から人びとの暮らしがあったということがわかるだけです。

命主社と神さびた気配の漂うムクノキの古木

出雲大社の境内の東端の門から出ると、昔から神社関係者の人たちの家があった社《しゃ》家《け》通りがあり、そこを二〇〇メートルほど歩いたところに、出雲大社の摂社である命主社《いのちぬしのやしろ》があります。元日の朝、出雲大社での祭祀に引き続いて、宮司をはじめとする主だった神職が参じて祭礼をおこなうそうです。最も重要な摂社であることがわかります。

数メートルサイズの小さな社ですが、すぐそばに樹齢千年ともいわれるムクノキの古木があります。現代芸術のオブジェといっても通用しそうな、複雑にうねる姿です。「スタジオジブリのアニメ映画に出てきそうな古木」と書いている人もいます。たしかにそんな感じです。

江戸時代のはじめ、出雲大社の造営工事のときに命主社の裏にあった巨石を運びだそうとしたところ、石の下から翡翠の勾玉と銅戈《どうか》が発見されました。これが命主社のすぐ後方にある真名井《まない》遺跡です。出雲大社のはじまりに関係するかもしれない弥生時代の遺跡として注目されています。

銅戈は武具のかたちをした祭具で、銅鉾《どうほこ》、銅鐸《どうたく》とともに弥生時代に特有の青銅器です。命主社の社殿ができるのはずっとあとの時代だとしても、巨石をイワクラ（岩座、磐座）として神聖視する祭祀が、弥生時代にはあったということです。

ご存じのように、出雲の遺跡からは全国屈指の数の銅剣、銅鐸が出土していることに加え、弥生時代としては最大級の墳墓である四隅突出型墳丘墓《よすみとつしゅつがたふんきゅうぼ》（四角形の墳丘の四隅に張り出しがある。山陰を中心とする日本海エリアに多く分布）の存在も注目されています。

出雲地方には、弥生時代の繁栄を示す遺跡や遺物がそろっており、出雲大社の歴史をそこに重ね合わせることは半ば常識化していると思います。それを議論の前提としたうえで、本稿では出雲大社のルーツが、弥生時代よりも古い年代にさかのぼる可能性を追究しようとしています。

「神社のはじまり」を、その土地に祭祀のための建物ができた時であると定義する論者もいます。しかし、当然ながらそれ以前から神々への祈りはあったはずです。古代の人びとは、巨石、巨木、美麗な山などを神の宿る「よりしろ」（依代、憑代）として見ていたようです。あるいはそうした自然界の諸物《しょぶつ》は神そのものだったという人もいます。命主社のそばにあったイワクラはその典型です。

神社の和語である「やしろ」は「社」とも「屋代」とも表記されますが、「よりしろ」と同じく、神を間接的に祀るための仮の施設というニュアンスがあるといいます。

神霊を招くときの依代をヒモロギ（神籬）ともいい、これも神社の建物ができる以前の祭祀を伝えていると説明されています。地鎮祭のときの簡易な祭場がヒモロギの実例とされますが、語源のうえでヒモロギの「ギ」は「木」であるという説もあります。命主社のムクノキは「ヒモロ木」だったのかもしれません。

命主社のすぐそばに北島《きたじま》国造家の館があり、「宗教法人出雲教」の看板がかかげられています。現在の国造は千家氏ですが、もうひとつの国造家があり、それが北島氏です。こちらも独自の教団を運営しています。千家、北島とは苗字であり、古代からの氏族名でいえば出雲氏です。

複雑な歴史を経て、明治時代以降の出雲国造は千家氏に固定されています。北島氏にも国造の家系としての権威と知名度が維持されているのは、私のような県外者にはよくわからない出雲の不思議です。

「北島國造館《こくそう》」は観光ガイドにはあまり出ていませんが、誰でも入ることができます。神々を祀るおごそかな雰囲気の庭園があり、気持ちの良い場所です。結婚式場としても人気があるそうです。

命主社のそばで見つかった翡翠の勾玉と銅戈は、出雲大社の宝物殿で公開されています。勾玉は長さ三・三センチメートル、丸いほうの頭部は濃い緑色の色調ですが、その後部は透明ともいえるほど薄い緑の混じった白色です。じっと見ていると、緑の部分と白っぽい部分が混じり合い、流動していると錯覚しそうです。もちろん、触ることなどできませんが、見ているだけで、ぬめりを帯びた翡翠の、ひんやりとした感触が指先に伝わってきそうな気がします。

この勾玉が群を抜いた優品《ゆうひん》であることは、私のような素人の目にも明らかです。その歴史的な背景もふくめて、強いオーラを放つ奇跡的な勾玉です〔巻頭カラー写真〕。

この勾玉につかわれている翡翠の産地は、理化学的な分析によって、新潟県糸魚川《いといがわ》市およびその周辺地域であることが判明しています。鉱物学のうえで翡翠に分類される石の産地は日本列島のなかにいくつかありますが、古代の玉作りの材料となっているのは糸魚川産だけです。

出雲の玉作り産地では、翡翠製の勾玉は作られていないので、完成品として持ち込まれたことになります。

## 翡翠の女神とオオクニヌシを夫婦神とする神社

ヌナカワヒメは、「古事記」に登場するオオクニヌシの妻（愛人？）のひとりです。新潟県糸魚川市にいた「翡翠の女神」として注目されていますが、「古事記」にそう書かれているわけではありません。「古事記」に出ているのはこんな話です。

高志《こし》の国すなわち「越」と呼ばれた北陸地方に住むヌナカワヒメに言い寄るため、オオクニヌシは出雲から彼女の家に向かう。家の内と外で、長い歌を詠み交わし、次の日の夜から親密な男女関係をもつようになった。出雲に帰国すると、ヌナカワヒメとの関係を知った正妻が激しく嫉妬する。オオクニヌシは怒る正妻から逃げだすため、遠い大和国に旅立とうとするが、歌を詠み交わすうちに仲直りした——という色恋沙汰だけの話ですが、オオクニヌシのモテ男ぶりが最も華やかに描かれています。

ヌナカワヒメは「出雲国風土記」の嶋根郡のくだりにも、オオクニヌシの妻の「奴《ぬ》奈《な》宜《が》波《は》比《ひ》売《め》」として出ています。「古事記」「風土記」では、オオクニヌシの配偶者というだけの扱いですが、翡翠との関係が議論されているのは、「万葉集」の次の歌によります。

沼《ぬ》名《な》川《かわ》の　底なる玉　求めて　得し玉かも　拾《ひり》ひて　得し玉かも　あたらしき
君が　老ゆらく惜《お》しも　（巻13　3247）

ヌナ川の玉を手に入れることができれば、玉のようにたいせつな、あなた様がいつまでも年老いることなく、若々しくいられるのに——というような内容です。この歌の玉が翡翠の玉であるならば、アンチエイジング（老化防止）の効能が信じられていたことになります。

江戸時代から、この歌にある北陸地方のヌナ川の探究が続いていたのですが、戦前、糸魚川市で翡翠の大鉱脈が再発見されました。ヌナカワヒメとは、翡翠産地を支配する女王だったのではないか――。翡翠産地の再発見をきっかけとして、そうした言説が出始めました。

オオクニヌシに「玉の神」としての一面があることに注目しているのは、民俗学の研究者である亀井千歩子《かめいちほこ》氏です。

アマテラスは「鏡」によって象徴され、オオクニヌシは「玉」によって象徴される――という昭和時代に活躍した神話学者の発言を踏まえつつ、翡翠の女神であるヌナカワヒメとオオクニヌシがあわせて祀られる神社が多いことを報告しています。氣多《けた》神社（富山県高岡市《たかおかし》）、居多《こた》神社（新潟県上越市《じょうえつし》）などの有力な神社をふくめ、その分布は北陸地方に目立っています（『奴奈川姫とヒスイの古代史――高志路物語』国書刊行会）。

ヌナカワヒメが翡翠を象徴しているとすれば、オオクニヌシは花仙山の碧玉、メノウを象徴していることになります。

「出雲国風土記」意宇郡の母理《もり》の郷のくだりにも、「玉の神」としてのオオクニヌシをうかがわせる記述があります。話としては国譲り神話そのままですが、問題はオオ

玉作りの原料（翡翠、碧玉、緑色凝灰岩）は日本海エリアに分布

古代歴史文化協議会編『玉―古代を彩る至宝―』に掲載された地図をもとに作成。

クニヌシの発言内容です。

「わたしが造って治めている国は、天つ神のご子孫が平和な世としてお治めくださいと、お任せしてお譲り申しあげよう。ただ、出雲の国は、わたしの鎮座する国として、青々と茂り、垣のように囲む山々をまわりにめぐらして、（霊力のこもる）珍玉《うずのみたま》を置いて（国を）守るであろう（原文「珍玉置賜而守」）」と仰せられた。だから、文《も》理《り》という。神亀《じんき》三年、字を母理《ぼり》と改めた。（『新編日本古典文学全集　風土記』現代語訳／小学館）

風土記に散見される語呂合わせの地名発

祥説話ですが、オオクニヌシと「玉」が重ねられていることは看過できません。

オオクニヌシとヌナカワヒメを夫婦神として祀っている神社が北陸地方に偏っていることは、玉作り産地の分布と重なっています。翡翠の唯一の産地は新潟県ですし、玉作り素材の主力である碧玉の四大産地は出雲をはじめすべて日本海側です。

グリーンタフと通称される緑色凝灰岩《りょくしょくぎょうかいがん》は、碧玉に比べて、光沢に劣り、軟質なのでワンランク下の素材ですが、玉作りにつかわれています。緑色凝灰岩の分布は、翡翠、碧玉、メノウと比べると、ずっと広いとはいえ、分布の中心は日本海側です。

緑色凝灰岩は日本列島の形成期に、海底火山の噴出物が固まってできた岩石です。

出雲の花仙山が太古の火山であることでわかるとおり、碧玉やメノウも火山活動とともに形成されています。千五百万年前、日本列島の原形ができつつあったころ、日本海エリアでは、地質学的な「国産み」にともなう陣痛であるかのように、とてつもなく激しい火山活動が長期間つづいていました。こうした理由によって、碧玉、メノウ、緑色凝灰岩など、火山活動に由来する美しい石は日本海エリアに集中しているのです。

日本海エリアではない原料産地では、岩手県や千葉県の琥珀《こはく》が有名です。琥珀は太古の木の樹脂が化石化したものなので、普通の石とはいえませんが、透明感のあるオレンジ色をしており、玉作りの材料として珍重されました。

## 北陸の翡翠産地を探訪する

越後国《えちごのくに》の「奴奈川《ぬなかわ》神社」は、「延喜式」の神名帳《じんみょうちょう》（全国の主要な神社のリスト）に掲載されている歴史ある神社です。今ある神社のうち、どこが該当するのかについては三説ほどあります。そのひとつ新潟県糸魚川市の天津《あまつ》神社に行ってみました。その境内に奴奈川神社もあるのです。

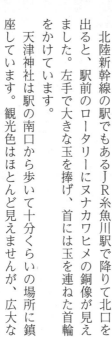

北陸新幹線の駅でもあるJR糸魚川駅で降りて北口を出ると、駅前のロータリーにヌナカワヒメの銅像が見えました。左手で大きな玉を捧げ、首には玉を連ねた首輪をかけています。

奴奈川神社

天津神社は駅の南口から歩いて十分くらいの場所に鎮座しています。観光色はほとんど見えませんが、広大な敷地は緑も豊かで、すがすがしい神社です。茅葺き屋根の拝殿は、素朴ながらも風格があります。そのうしろ側に本殿があり、その横に建てられている銅葺き屋根の社が奴奈川神社。祭神はヌナカワヒメと八千矛命《やちほこのみこと》（オオクニヌシの別名）です。社宝としてヌナカワヒメの木像が伝わっています。これは非公開で見ることはできませんでした。

天津神社や糸魚川駅などがある市街地は、姫川《ひめかわ》が日本海に注ぐ扇状地《せんじょうち》にあります。市街地の背後には標高一〇〇メートル足らずの丘陵地が広がっており、姫川の河口から三キロメートルほど上流に長者ヶ原《ちょうじゃがはら》遺跡があります。今から五千年ほど前の縄文時代に、翡翠を原料とする玉作りの拠点集落だったことが、戦前からの発掘調査でわかり、その保存のため、一帯が史跡公園として整備されています。玉の完成品だけでなく、失敗作、工具、原料など膨大な玉作り関係の遺物が出土しています。

史跡公園の隣接地に資料館があって、すこし不格好な縄文時代の勾玉や「大珠《たいしゅ》」とよばれる楕円形の造形物、翡翠の石斧《せきふ》などが展示されています。翡翠には「硬玉《こうぎょく》」という異称もあるように、非常に硬い鉱物です。縄文人はその硬さを知って、玉作りよりも前に、木などを切る石斧として使いはじめました。世界でいちばん高級な斧かもしれない「翡翠の斧」です。

翡翠の原産地は長者ヶ原遺跡からさらに姫川を上流に向かい、その支流である小滝《こたき》川《がわ》の流域などにあります。翡翠の原石のある場所は、国の天然記念物に指定されています。

ジオパークガイドの資格をもつ人が同行するツアーに参加して、翡翠の原産地を訪れました。あの岩が翡翠、その横の岩も翡翠という具合に、説明をうけたのですが、まばゆい緑の輝きにはほどとおく、白い岩、灰色の岩を凝視すると、かすかに緑色を確認できるという感じです［巻頭カラー写真］。

あいにくの雨でした。ガイドさんは「天気が良ければ、もうすこし緑の色が見えるのですが」と説明していましたが、その風景もだいたい想像できます。翡翠の原産地が再発見されたのは戦前のことですが、戦後、業者によって採掘され、食器や仏像、ブローチ、ネクタイピンなどの翡翠製品として販売されていました。人里離れた場所です。天然記念物となり、採掘が禁止されたあとも、盗掘が絶えなかったそうです。そうこうしているうちに、あざやかな緑色の翡翠はあらかた持ち出されてしまったのです。

ヌナカワヒメとは、どのような存在だったのでしょうか。地元では、翡翠産地を支配した女王として人格化され、郷土の偉人さながら、銅像までできあがっています。邪馬台国の女王である卑弥呼の、北陸版というところです。

あるいは、縄文時代に起源をもつ、翡翠の輝きへの憧れが、長い年月を経て、美しい女神というイメージに凝集されたと考えることもできます。翡翠の女神の伝説を生みだした源泉は、翡翠産地にともなう政治力ではなく、私たちの先祖が自然界から見いだした「美」そのものなのかもしれません。そこから、「神社のはじまり」につながる古代人の祈りが聞こえてくるような気がします。

## 遍歴する玉作りの人びと

第十一代垂仁《すいにん》天皇は古墳時代の半ば伝説的な天皇ですが、「古事記」には当時のことわざとして、「地《ところ》を得ぬ玉作」という表現が見えます。物語のうえでは、垂仁天皇が玉作りの工人を罰して土地をとりあげたという話ですが、ことわざの本来の意味は、玉作りにたずさわる人びとは材料となる美石を求めて、全国各地を渡り歩くので、自分が住むための土地をもっていないということであるようです。

天皇の身近に、玉作りの工人がいたことがうかがえるエピソードです。古墳時代のヤマト王権の内部で、玉作りにかかわる人たちが重要な役割をもっていたことが読み取れます。

先述したとおり、「玉」と「神」が言葉の歴史のうえで重なり合っているように、玉作りの人びとは単なる職人集団ではなく、信仰にかかわる精神文化をも持ち運んだ人びとであったはずです。原初的な出雲信仰が全国各地に拡散する歴史において、玉作り集団のはたした役割は大きかったと思います。

「古事記」「日本書紀」の神話のなかでも、玉作りにかかわる神々の活躍する場面がいくつかあります。

スサノオの乱暴に激怒したアマテラスが岩穴のなかに隠れてしまう「常夜神話」の場面では、玉作りの人びとが先祖神と仰ぐ玉祖命《たまのおやのみこと》が勾玉をつくり、忌部《いんべ》氏が先祖神とする太玉命《ふとだまのみこと》が祭祀めいたことを行っています。

アマテラスの孫であるニニギが高天原から九州の日向《ひむか》に向かう「天孫降臨」の場面では、五名の神がニニギのお供をしていますが、そのメンバーに玉祖命、太玉命が入っています。

朝廷に仕える中央氏族としての忌部氏は、宮廷の祭祀に用いる物資を貢納する集団を統括する氏族で、中臣《なかとみ》氏（藤原氏の旧来の氏名《うじな》）とともに朝廷の祭祀にかかわっていました。

奈良県橿原《かしはら》市には天太玉命《あめのふとたまのみこと》神社があり、その近隣には朝廷直属の玉作り工房のあった曽我《そが》遺跡があります。奈良県に玉作りの材料となる石はありませんが、出雲や

大國魂神社

北陸などから材料が持ち込まれています。

出雲から北陸にかけての日本海エリアには、玉作りの経済圏があって、「ものづくり」にかかわる人びとが動き回っています。オオクニヌシ信仰の広がりを、そうした玉作りの文化と重ねて見ることもできます。

オオクニヌシには、顕国《うつしくに》玉神《たまのかみ》、大国《おおくに》魂神《たまのかみ》という別名もありますが、この名に見える「たま」は、鉱物としての「玉」ではなく、「霊《たま》」の意味で解釈されるのが通例です。しかし、折口信夫の説にある（40ページ）ように、古語のタマには「神」の意味がふくまれていたとすれば、物質的な「玉」と目には見えない「霊」「魂」の境界はあいまいなものであるはずです。

武蔵国《むさしのくに》（東京都、埼玉県、神奈川県の一部）の国府があったのは東京都府中市《ふちゅう》で、府中駅の近くに、広大な神域をもつ大國魂《おおくにたま》神社が鎮座しています。この社名はオオクニヌシの別名の大国魂神と重なっており、同社の由緒書によると、主祭神である大國魂大神はオオクニヌシのことであるといいます。

大國魂神社は東京都内でも屈指の格式を誇る神社ですが、その祭神は関東から遠く離れた出雲の神なのです。

## 関東に広がる出雲の神々

出雲から北陸にかけて広がる美石の産地に、オオクニヌシを祀る神社があるのは、考古学、地質学のデータによってある程度は説明ができます。しかし、出雲信仰をめぐるさらなる謎は、関東、東北地方にまでオオクニヌシをはじめ出雲系の神々を祀る古い神社が広がっていることです。

大國魂神社にとどまらず、武蔵国だった東京都と埼玉県は出雲系の神社の目立つエリアです。さいたま市大宮《おおみや》区に鎮座する氷川《ひかわ》神社は、武蔵国一宮（一の宮）の有力候補で、「延喜式」の神名帳にも載る神社ですが、スサノオを主祭神とし、オオナムチ（オオクニヌシの別名）など出雲の神々を祀っています。埼玉県から東京都にかけて

久伊豆神社（越谷市）

の各地に同名の氷川神社が鎮座しています。

一の宮の起源や制度には不明なことも多いのですが、その国でいちばん由緒正しく、権威のある神社に対する通称として定着したようです。

氷川神社に比べると、分布圏は限られていますが、久伊豆《ひさいず》神社もオオクニヌシを主祭神とする神社です。埼玉県東部を中心として、百社に近い数の久伊豆系の神社があります。私は新聞社に入社して、最初の赴任地が埼玉県だったこともあり、その後の一時期もふくめ都合八年間、埼玉県民でした。それで多少は地元民的な土地勘があるのですが、大宮の氷川神社、県北の秩父《ちちぶ》神社には及ばないものの、越谷《こしがや》市、さいたま市岩槻《いわつき》区の久伊豆神社は広大な敷地をもち、地域社会のシンボルとなっている存在感のある神社です。

久伊豆はクイズとも読めるので、それにあやかってクイズの神さまとしてその関連の業界人や愛好家の崇敬をうけています。

社名の由来は不詳ですが、出雲神のオオクニヌシを祀っているので、「ひさいず」の「いず」は出雲に由来するという説があります。それなら、伊豆はどうなの？　そんな疑問もわいてきます。

「延喜式」の神名帳には、入間《いるま》郡の「出雲伊波比《いわい》神社」という出雲系そのものの神社も記載されています。埼玉県毛呂山町《もろやままち》の出雲伊波比神社が候補地のひとつです。

この神社は秋の大祭で、古流の流鏑馬《やぶさめ》を披露しており、それを目的に参詣したことがあります。国の重要文化財に指定されている本殿は戦国期の様式を伝えており、風格があります。祭神はオオナムチほか出雲系の神々です。

また、埼玉県加須《かぞ》市の玉敷《たましき》神社は江戸時代まで久伊豆大明神を称し、久伊豆系神社の総本社のような存在だとみなされています。ここにも「玉」が見えます。

埼玉県に玉作りの産地はないのに、古代から「さきたま」の地名をもち、現代の県名につながっています。出雲の「玉」との関係はわかりませんが、埼玉県は出雲との因縁が深い土地なのです。

埼玉県は江戸時代、幕府の直轄地のほか、譜代の大名や旗本の小領地として分割統治されていました。そのせいもあって、地域としての一体感は乏しく、明治時代になって安定しない世情となっていたといいます。

そのころ、埼玉県知事に就任したのが、出雲大社の宮司から政界に転じた千家尊福でした。前章で紹介した、境内に銅像が立っている人です。異なる立場の人びとの声をたんねんに聞き、一般民衆のなかにも分け入り、県政を安定させたという評価が残っています。

出雲の人が武蔵国に赴くという点については、遠い時代にさかのぼる前史があります。

平安時代に書かれたとされる「先代旧事本紀《せんだいくじほんぎ》」の「国造本紀《こくぞうほんぎ》」では、成務《せいむ》天皇のとき、出雲氏の始祖から十世孫の兄多毛比《えたもひ》という人が武蔵国（原文は「无邪志国」）の初代国造に任命されたと記されています。出雲国造と同族です。系譜のうえで成務天皇は景行《けいこう》天皇の子でヤマトタケルの兄弟。考古学の年代では、古墳時代のはじめごろということになります。

ヤマト王権が関東地方にも支配圏を広げようとしていた古墳時代、出雲の人が武蔵国に派遣され、政治を行ったことで出雲系の神社が定着し広がった――という従来の説明はそれなりに筋が通っています。

しかし、この説明にはどこか不穏な感触が残ります。系図のうえでは出雲国造家の先祖は天皇家の先祖と兄弟であるのですから、天つ神系のいわゆる天孫族です。「国つ神の王者」とされるオオクニヌシを祀るのは、出雲大社に限っては、出雲国造家の先祖神であるからではなく、国譲りの交換条件だったはずです。つまり、オオクニヌシとの約束だから天孫族が特例で祭祀を継承している――という話になっているのです。もちろん、神話の上での約束事ではありますが。

それなのに、関東で布教活動？　オオクニヌシ信仰の広がりについては、謎めいたことがいろいろあります。

オオクニヌシなど出雲系の神を祀る神社は関東にとどまらず、東北地方にも広がっています。湯殿山《ゆどのさん》神社（山形県鶴岡《つるおか》市）、飛鳥《あすか》神社（山形県酒田《さかた》市）、太平山《たいへいざん》三吉《みよし》神社（秋田市）、筏隊山《ばったいさん》神社（秋田県横手《よこて》市）など地域を代表する古い神社もそこにふくまれます。

出雲から遠く離れた関東、東北地方にまで信仰圏を広げているオオクニヌシの底知れない神威《しんい》。そのおおもとにあるのは何なのでしょうか。

## 東北から出雲へ移住した縄文人

東北地方に少なからぬ出雲系神社が分布することに注目しているひとりに、直木賞作家で東北地方を舞台とする歴史小説、伝奇小説を数多く手がけている高橋克彦氏がいます。国譲りにより、故郷の土地を奪われた人びとは、「出雲から海伝いに北へと逃れ、新たな民族を形成していったのが東北人のルーツなのである」（『東北・蝦夷の魂』現代書館）と述べています。

高橋氏が主張しているのは、ヤマトによる出雲の征服によって、土地を追われた人びとが、東北への移住を余儀なくされたという説です。「出雲民族の大移動」とでもいうべき出来事とともに、出雲系の神々も広がったというのです。いわば、国譲り神話の新解釈です。

しかし、考古学の資料のうえで、出雲から東北への移住を裏付ける証拠は見つかっていません。それとは反対に、人びとが東北から出雲へ移動したことを示す旧石器時代と縄文時代の端境期《はざかいき》の遺跡が島根県をはじめとする中国地方で発見されており、年ごとにその数を増やしているのです。

出雲地方で見つかる玉髄の石器については、二十年ほど前から、東北地方との関係が重要な論点になっています。テレビや新聞の一面で報道されるようなビッグニュースにはなりませんでしたが、二〇〇〇年八月三日付の朝刊各紙に、「東北型石器」の発見を報じる注目すべき記事が出ています。朝日新聞の島根版の記事を引用します。松江市との合併前なので遺跡の所在地は玉湯町湯町《ゆまち》。つまり、玉造温泉と花仙山のあるところです。

玉湯町湯町の杉谷《すぎたに》遺跡を調査していた県教委は、旧石器時代末期（一万二千年～一万四千年前）の東北地方特有の技法で作られた玉髄製の石器が出土した、と発表した。（中略）

県教委では「玉髄の産地で東北型石器が出土したことで、東北から移動してきた旧石器人が、石の供給源の出雲地方を拠点にして西日本各地に広がっていった可能性を示している」としている。（中略）側面を加工している特徴などから、北海道から東北地方に特有の「湧別技法」という技法で作られたと見られる。

ひとつだけ補足です。この調査結果の発表では「一万二千年～一万四千年前」が旧

稲田孝司『遊動する旧石器人』に掲載された地図をもとに作成。

石器時代末期とされていますが、研究者によってはこの年代を縄文時代に組み入れています。縄文時代のはじまりについては、土器の出現時期、土器の普及時期、気候変動によって環境が激変した時期の三つのうち、どこを年代区分の基準にするかによって、何千年も異なる見解が示されており、いまだに定説がないのです。

本稿とのかかわりで言えば、問題の玉髄製の石器は、旧石器時代と縄文時代の端境期に作られていたと理解しておけばいいと思います。

湧別《ゆうべつ》技法の名称は、北海道の湧別川の流域で出土した石器に由来します。湧別川の上流が日本列島で最大の黒曜石産地とされる白滝《しらたき》です。非常に小さい短冊形の刃物（細石刃）を合理的につくりだす湧別技法による石器作りは、北海道、東北に特有の石器文化ですが、右ページの地図で示しているとおり、出雲地方を中心とするエリアに第二の分布圏があるのです。

花仙山のまわりの旧石器・縄文時代の遺物に、東北に由来する湧別技法の石器が混じっていることが発見されたのは、古墳時代の玉作り遺跡にかかわる膨大な石片を整理しているときだったといいます。

引用した新聞記事でとりあげられている杉谷遺跡のほかにも、近隣にある三つの遺跡で湧別技法による石器が見つかっており、「花仙山北麓遺跡群」と総称されていま す。「玉」と「石器」の歴史は、松江市玉湯町の花仙山エリアで重なっているのです（『松江市史　史料編②考古資料』）。

この地理的一致は、出雲の信仰の歴史において、どのような意味があるのか。そこに焦点をあてることがこの章の眼目です。

玉作りの遺跡と旧石器・縄文時代の遺跡が重なっている理由は、花仙山で採れる玉髄、メノウ系の石が非常に硬く、鋭利な石器をつくる素材としてもすぐれているからです。その硬さによって、江戸時代には火打ち石としても利用されていました。

翡翠についても言えることですが、上質の碧玉、メノウには現代社会でも装飾品、コレクションとしての市場価値があります。宝石としての三つの条件をもっているからです。

第一の条件は美しいこと。色だけでなく、光沢、透明感をふくめての評価です。

第二の条件は希少性。産地が限られ、簡単に入手できないことが価値の源泉であるからです。

第三の条件は永遠性、すなわち石の硬さです。どんなに美しく、珍しい石でも、すぐに崩れたり、割れたりするようでは宝石としての価値は生じません。いちばん硬いダイアモンドを10とするモース硬度で、メノウ、翡翠は7にランクされており、相当の硬さをもっていることがわかります。

玉作りの主要原料だった碧玉の産地は、日本列島の何か所かにありますが、(75ページの図参照)出雲産の碧玉は硬度において他産地にまさっていたとも聞きます。つまり、出雲の玉は丈夫で長持ちだったということです。玉作りの歴史において、出雲が特権的な産地であった理由のひとつです。

花仙山の石はその硬さによって、宝石的な価値を高めていますが、「ものづくり」の歴史で言えば、硬さは障害でもありました。日本列島の玉作りの文化は縄文時代にさかのぼりますが、長い間、石の道具によって美石を加工しています。出雲の碧玉、メノウは硬すぎて、石の道具では加工が困難だったようです。弥生時代に鉄が普及する以前は、出雲よりも北陸のほうが玉作りの中心産地だったのはそのためです。

旧石器・縄文時代の人びとが、花仙山の玉髄を特に愛用しているのも、その硬度をよく知っていたからと考えれば納得できます。

岡山県や鳥取県でも玉髄をもちいた「東北型石器」が見つかっていますが、素材の原産地は、花仙山の周辺であることが判明しています。玉髄そのものはそれほど珍しい石というわけではありませんが、花仙山の玉髄は、硬度においても、入手しやすさ（埋蔵量）においても、ほかの産地にはない優位性をもっていたようです。

さらに空想を広げるならば、花仙山の玉髄の色合いや光沢が、東北地方の人びとを当地に引き寄せた光景も見えてくるような気がします。

## 『砂の器』と出雲弁の謎

東北地方にオオクニヌシを祀る神社があるのは、出雲人の東北への移住の証拠である――。そう主張する人たちが提示している根拠のひとつに、出雲弁は東北弁ときわめて似ているという言語学上の有名な学説があります。松本清張氏の推理小説『砂の器』は何度も映画化、テレビドラマ化されていますが、この作品によって、出雲地方の言葉は、東北地方の言葉（いわゆるズーズー弁）に似ているという話は広く知られるようになりました。

『砂の器』の物語の発端は、東京・蒲田《かまた》駅の操車場内で、男の死体が発見されたことです。その前日の深夜、蒲田駅近くの酒場で、被害者と連れの男が目撃されており、被害者は東北弁を話していたという証言が得られたのです。それで捜査陣の目は東北に向かっていたのですが、実は殺された男の東北弁に聞こえた言葉が、出雲弁だったと判明したところから、一気に物語が加速してゆきます。

出雲弁は、母音、サ行、タ行の発音などで、東北弁との共通点が多いとされています。ちなみにですが、島根県のなかでも、隠岐《おき》諸島の言葉は出雲弁と同系統の雲伯《うんぱく》方言であるのに、島根県西側の石見《いわみ》地方ではまったく別系統の方言（広島弁に近い）が広がっていることは、出雲を取材しているとき、しばしば聞かされました。

『日本方言地図』など関連の資料をみても、音韻だけでなく、語尾や言い回しで、東北地方の特徴が西日本では島根県だけにみえるという事例が少なからずあります。

出雲の土着民は縄文人の流れをくむ人びとであり、大陸渡来の弥生系の人びとと対立し、最後まで抵抗したから、土着系の言葉が出雲地方に残ったという説もあります。言語学者の小泉保氏（大阪外国語大学教授など歴任）は『縄文語の発見』（青土社）において、出雲弁と東北弁の類似を根拠として、出雲弁が日本列島の先住民の言語、つまり縄文語の伝統をうけついでいると述べています。

しかし、もしそうであるならば、九州や四国の辺境地にも、東北弁に似た縄文語の痕跡があってもいいと思うのですが、現実の方言分布はそうなっていません。そこに疑問があります。

言語地図のうえで、東北弁が「面」として広がっている本場は、当然ながら東北地方です。出雲はその飛び地であり、「点」に過ぎません。人の移動にともない言葉も移入されたと考える場合、東北から出雲への移住のほうが飛び地的な言語分布ができやすいはずです。

東北方面から出雲地方への移住をうかがわせる湧別技法の分布は、90ページ掲載の地図で示されているとおり、出雲地方から隠岐諸島に及んでいますが、これは東北弁に似た方言の分布と重なります。旧石器時代の移住こそ、出雲弁だけが東北弁に似ているという謎に直接むすびつくデータだと思います。

それにしても、なぜ、湧別技法をもった人びとは、関東、関西を飛び越して、出雲を中心とする中国地方にひとつの文化圏を築くことになったのでしょうか。旧石器・縄文時代の遺跡群が、古墳時代に最大の玉作り産地と重なっている状況を踏まえ、考古学の世界で有力視されているのは、花仙山の「石」が東北からの移住に関係しているということです(『遊動する旧石器人』稲田孝司/岩波書店)。

本稿が花仙山にこだわるのは、出雲国造が潔斎する場所であり、三種の神器の勾玉の生産地だったという可能性があるからです。東北からの移民集団がこの地を石器作りの拠点としていたことが判明したことで、花仙山の重要性はさらにグレードアップしています。出雲の信仰と東北的な精神文化との関係が視界に入ってくるからです。

出雲大社の鎮座地は西日本である山陰ですが、オオクニヌシをはじめ出雲系の神々を祀る神社は、九州、四国をふくむ西日本よりも、東日本に目立つということがかねてより言われています。出雲系神社の社名は様々なので、諏訪神社、熊野神社のように社名による集計ができないという問題があります。このため、統計的な判定が難しいのですが、『首都圏近郊 出雲系神社探索ガイド』(出川通/言視舎)という出雲系神社をまとめた本も出版されているくらいです。東京、埼玉をはじめとして、関東に出雲系神社が目立っているのは否定しがたいことです。

出雲大社そのものに東日本的な性格を見る人がいることを、次の話題とします。日本の文化を縄文的伝統と弥生的伝統に二分する議論のうえでいえば、東日本的とは縄文的ということです。

## 出雲大社は縄文の「柱」なのか

戦後（昭和、平成、令和）の建築物、建造物のうち、将来、国宝になりそうなものは――という飲み屋の雑談にでも出そうな話題で、まず候補にあがるのは「太陽の塔」だと思います。一九七〇年の万国博覧会のあと、すぐに解体される予定であったのに、保存運動が巻き起こって存続されたという経緯があります。今も大阪府吹田《すいた》市の万博記念公園の緑のなかに七〇メートルの高さでそびえ立ち、異様な存在感を示しています。

一種の都市伝説とも思えるのですが、ネット上をふくめて、「太陽の塔」のアイデアの源泉は出雲大社だという話があります。

「太陽の塔」が出雲大社とむすびつく理由のひとつは、古代の出雲大社の高さは一〇〇メートルくらいあったという伝承があるからです。にわかには信じがたい高さですが、江戸時代の国学者、本居宣長《もとおりのりなが》が『玉勝間《たまかつま》』という著作で書いていることです。しかも、第七十五代出雲国造の子である千家俊信《としざね》という人が宣長の門弟にいて、そのルートで入手した資料をもとにした記述なので、無視できなくなっているのです。

本居宣長は、『玉勝間』で「出雲大社、神殿の高さ、上古のは三十二丈《じょう》あり、中古には十六丈あり今の世のは八丈也」（岩波文庫下巻）と書いています。一丈は三メートルちょっとなので、古代の出雲大社の高さは一〇〇メートルくらいということになります。

この高さはもはや建物というよりも「塔」というべきです。

「古事記」の国譲りの場面、オオクニヌシは自らの神殿について、「大きな岩盤の上に宮柱を太く立て、高天原に届くくらい、千木《ちぎ》を高くそびえさせて（原文読み下し「底津石根《いわね》に宮柱ふとしり、高天原に氷木《ひぎ》たかしりて」）と述べています。

たしかに天高くそびえる「塔」が見えてきそうです。

平成期の発掘調査で、鎌倉時代と推定される巨大な柱が見つかったことで、出雲大社の高さへの注目度はさらに増しました。出雲大社に隣接する島根県立古代出雲歴史博物館では、発掘された巨大柱とともに、高層建造物の復元案が模型によって提示されています。

平安時代の児童向けの学習書のような『口遊《くちずさみ》』には、大きい建築物について、「雲《うん》太《た》、和二《わに》、京三《きようさん》」という覚え方をしるしています。出雲大社が太郎、大和の東大寺大仏殿が二郎、京都の御所が三郎で、これは建物の高さのランキングだと一般的には考えられています。

「太陽の塔」を制作した美術家の岡本太郎氏は出雲大社を訪れ、最大級の感動を紀行文に残しています。「太陽の塔」のアイデアの源泉は出雲大社にある——という話の出所はこの紀行文にあるようです。

日本の過去の建築物で、これほど私をひきつけたものはなかった。この野蛮な凄み、迫力。——恐らく日本建築美の最高の表現であろう。（中略）

伊勢ははるかに優美であり、軽快だ。南の風が明るく吹きとおってゆくような感じなのに、出雲は重くとざしている。どっしりと地上に突き立って、何ものも近づけないいかめしさがある。（中略）これはどちらかといえば北方系だ——と思う。（岡本太郎『日本再発見——芸術風土記』新潮社）

古代の出雲大社は巨大なタワー建築物だったのではないかという議論が社会的な関心事となるのは、二〇〇〇年代に入って、出雲大社の境内の発掘調査で巨大な柱が発見されたあとのことです。しかし、岡本太郎氏の文章からは、すでに「塔」が見えるような気がします。

出土した出雲大社の柱（宇豆柱／古代出雲歴史博物館）

岡本太郎氏は、縄文土器の芸術的な価値をいちはやく〝発見〟した人でもあり、現代につづく「縄文ブーム」の産みの親です。その人が出雲大社を激賞するとき、「野蛮な凄み」「迫力」という言葉を使い、「北方系」だといっています。

垂直に天高くそびえるイメージ、「北」という方角、そして縄文。

私たちは岡本太郎氏の言葉に導かれるように、青森県の三内丸山《さんないまるやま》遺跡の巨大な縄文の柱群、「御《おん》柱祭《ばしらさい》」の熱狂とともに知られる諏訪大社境内に建てられた四本の巨木の柱を思い起こすことになります。

縄文時代からの日本列島の風景のなかには、神々の宿る巨大な「柱」が存在しています。出雲大社と「太陽の塔」は、そうした歴史のなかで屹立しているようにも見えます。

出雲大社の建築様式を大社造といいますが、四角形の四隅と各辺の中間の八か所に柱を立てたうえで、四角形の中央の九本目の太い柱（心御柱《しんのみはしら》）で安定させるというシンプルな構造です。「田」の字形の図面となり、真ん中に建てられる心御柱を大黒《だいこく》柱《ばしら》ともいいます。

中小企業やプロ野球のチームには必ず、大黒柱と呼ばれるべき人がいますが、その語源について、オオクニヌシの別名「大黒様《だいこくさま》」に求める説があります。出雲大社の中央にある柱には、主祭神であるオオクニヌシすなわち「大黒様」が宿っているからだというのです。

## 「神様石器」から「砂原遺跡」へ

「旧石器時代」とは、人類が石を材料とする道具（石器）をつかいはじめてからの歴史です。気候が温暖になり、定住社会、農耕、牧畜がはじまる一万何千年前からが、「新石器時代」とされているので、縄文時代は新石器時代の年代と重なります。

二百万年を超える旧石器時代を前期、中期、後期の三つの期間に分けることがありますが、その大部分は前期であり、中期は数十万年前から、後期は四、五万年前からとされます。もっとも、国や地域によって三区分の年代は微妙に違っています。

日本列島にある旧石器時代の遺跡は一万四千か所を上回りますが、その九九・九％

は新しい年代である後期旧石器時代の遺跡とされています。

一九七〇年代後半以降、宮城県の上高森《かみたかもり》遺跡をはじめとして、東北を中心に十数万年前をはるかに超える年代をふくむ前期・中期旧石器時代の遺跡の〝発見〟が相次ぎ、その成果は中高生向けの教科書や一般の書籍にも掲載されていました。七十万年前とされる遺跡さえ出現していたのですが、残念ながら、そのほぼすべてがねつ造であったことはご承知のとおりです。

四万年前をさかのぼる東北の前期・中期旧石器遺跡のほとんどが雲散霧消したことによって、改めて注目されるようになったのが島根県の出雲地方でした。中期旧石器時代の年代である可能性が議論されている遺跡があったのですが、東北で途方もなく古い年代の遺跡の発見が相次いだことで、研究価値が低下し、半ば忘れられていたのです。

出雲地方の中期旧石器研究の先駆者として、恩田《おんだ》清《きよし》氏という人がいました。松江市の職員で、本来の専門分野は農業指導ですから、考古学の分野ではアマチュア研究者です。

恩田氏は玉髄やメノウでできた石器らしき石片を膨大に収集したのですが、発掘調査ではなく地表面からの採集でした。考古学では、地層によって年代を判定することを科学的な根拠としているので、発掘調査をともなわない、地表面での採集というだけで評価は下がります。

恩田氏の収集物が、従来から知られている旧石器時代の石器より、さらに古い形式の石器であるかどうかについては考古学界で賛否両論がありました。ただ、その当時は、人間がつくった石器ではなく、自然現象によってできた石片にすぎないと見る専門家のほうが多かったようです。

石器の収集場所が、神話の舞台である出雲地方であることもマイナス要因でした。恩田氏の収集品には、「『出雲の神様石器』と揶揄する者まであらわれた」（『旧石器が語る「砂原遺跡」』松藤和人〔共著・成瀬敏郎〕／ハーベスト出版）というのです。「神様石器」が意味しているのは、現実の歴史とは無縁の、空想の産物にすぎないという冷笑的なニュアンスです。

そのような学界的な評価もあり、七〇年代半ばから九〇年代初頭の時期、「出雲の玉髄・瑪瑙《めのう》製石器は研究の表舞台から姿を消し、忘れ去られようとしていた」（同）そうです。島根県の埋蔵文化財行政の担当者だった丹羽野裕氏らによって、恩田氏の収集品が再調査され、詳細な報告書が刊行されたのは、旧石器ねつ造事件の発覚から四年後の二〇〇四年のことでした。それは、九〇年代以降、すこしずつ進んでいた再評価の流れを集成した内容です。

さらにその五年後の二〇〇九年、出雲市で考古学的な〝事件〟が起きました。同志社大学を中心とする調査団によって、十二万年前の年代とされる中期旧石器時代の遺跡が発見されたと、記者会見で発表されたのです。それが砂原《すなばら》遺跡です。

火山灰の噴火年代を根拠として、十万年前よりも古い年代が想定される地層から、玉髄などを使った二十点の「石器」(石器ではないという反対論もある)が発見されました。年代はその後、再検討されていますが、どちらにせよ国内では最古級の年代が提示されています。

旧石器考古学者の松藤和人《まつふじかずと》氏(当時は同志社大学教授)、自然地理学者の成瀬敏郎《なるせとしろう》氏(兵庫教育大学名誉教授)など学界でも一流のスタッフによる発掘調査の結果とあって、新聞、テレビで広く報道されました。

ねつ造事件のあと、謹慎状態が続いていた中期旧石器時代の研究が再稼働するきっかけにもなった発見でした。地元新聞社の山陰中央新報は二〇〇九年九月三〇日付朝刊で、「出雲で国内最古の石器」という大見出しをかかげ、一面トップで掲載しています。読売、朝日など全国紙でも大きなニュースとして報道されました。

当然のことかもしれませんが、発見を報じる新聞記事のなかに、遺跡の場所が古事記神話の主要な舞台の出雲であることは言及されていません。

しかし、私自身についていえば、何よりも出雲市で国内最古級の遺跡が発見されたことに驚愕しました。出雲は高天原を追放されたスサノオが降り立った場所であり、神話的日本史の「はじまりの地」です。島根県というだけで驚きなのに、よりによって出雲市とは！　そう感じる人は少なくないはずです。

出雲大社の近くに、国内最古級と考えられている旧石器時代の遺跡がある——。因果関係のない、偶然の地理的な一致ということも考えられます。しかし、そうでないとしたら？


はるか遠い時代の記憶をとどめているかもしれない神話。

精緻な発掘調査と地質学的な年代判定にもとづく考古学。

異なる二つの世界が出雲という土地で交差しているように見えます。私たちはこれを、どう理解すればいいのでしょうか。

## 一〇万年前の遺跡を訪ねる

砂原遺跡については学術的な調査報告書のほか、前掲した一般読者向けの『旧石器が語る「砂原遺跡」』という本が刊行されています。この本によって、出雲市に住んでいる成瀬氏が、遺跡の第一発見者であることを知りました。

質問があって成瀬氏に連絡したところ、現場を案内してもいいというお誘いをうけたので、さっそく次の週、出雲市に向かいました。

砂原遺跡に最寄りのJR山陰本線の小田《おだ》駅は、出雲市駅から四つ目の駅です。山陰本線という名称にもかかわらず、私が乗った電車は一両編成でした。現在の島根県が人口減少に苦しむ小さな県であることを実感させられました。

小田駅から十分ほど海に沿った国道を歩いたところに発掘現場があります。道路をはさんで向かい側に「道の駅キララ多伎《たき》」があり、「出雲国風土記」に「多伎の郷」「多伎の駅」として見える古い地名が、「道の駅」になっているところに出雲の歴史の奥深さを感じます。

小さな宿泊施設の隣接地なので、遺跡はわかりやすい場所ですが、説明パネルなどはいっさいありません。後日、出雲市の埋蔵文化財担当者に問い合わせたところ、

「学界で賛否両論があるので、論争の行方を見ている」とのことでした。

発掘現場は海成段丘《かいせい》とよばれる海岸線にある高台です。発掘の跡は埋め戻され、原っぱの風景になっています。その場所に立って、成瀬氏の説明をうかがいました。

出雲市の出身である成瀬氏は、定年退職後、地元に戻って暮らしているとのことです。本来の専門は自然地理学ですが、地層の年代判定では第一人者なので、国内のみならず中国や韓国をふくめて考古学のフィールドも活動領域でした。

成瀬氏は出雲市に戻ったあと、地元の地質、地形をもう一度、調べてみようと、地層の見える露頭を歩き回っているとき、のちに砂原遺跡と命名される場所を訪れています。大雨のあとで、崖の一部がくずれていました。年代の明らかな地層が見える場所から石片を見いだし、抜き取って手にした瞬間、石器である可能性を感じたといいます。

石片は玉髄で長さは五センチほど。先端が鋭利にとがった形状です。成瀬氏は「濃い蜂蜜色」と表現しています。たしかに、玉髄のぬめりのある岩肌には独特の光沢があって、蜂蜜の色感に似ています。

玉作りの材料となる赤メノウは透明感のある石なので、成瀬氏が見つけた玉髄と見た目の印象は異なりますが、鉱物学の分類では同じ玉髄です。

「地層のうえでは非常に古い時代に属することが明らかな地点でした。これは一大事というわけで、旧知の研究仲間である考古学者の松藤氏に連絡し、さっそく事前調査がはじまりました」

発掘結果の発表から十年が過ぎても、学界での議論が決着していない状況には苦笑いを浮かべたものの、「今でも同志社大学出身の研究者らによって、出雲地方の旧石器時代の調査、研究が続けられ、新しい成果も報告されています。遠からず、決着するはずです」と成瀬氏は語りました。

縄文遺跡からは衣食住にかかわるさまざまな遺物が見つかりますが、移動生活者である旧石器人は、石器とキャンプ跡くらいしか残しません。砂原遺跡で出土しているのは石器だけです。その評価をめぐって専門家のあいだで見解の相違が生じているのです。

発掘現場から百数十メートル先は海岸線で、ゆるやかな曲線を描くきれいな砂浜が広がっています。季節は秋、誰もいない海。この海岸線に沿って歩いていくと、国譲り神話の舞台とされる「稲佐《いなさ》の浜」に到着するということを事前に地図をみて知っていたので、感銘に似た心もちで風景に見とれていました。

砂原遺跡の足下に広がる海を、「大社湾」ともいいます。もちろん、出雲大社に由来する名称です〔巻頭カラー写真〕。

私が神話世界にひたって海の風景に見とれていると、成瀬氏は水平線を指さし、「砂原遺跡に人が暮らしていたころ、海岸線は何キロも沖合にあったのです」と教えてくれました。私はハッとして、目の前の海岸風景を修正して、はるかに広がる平原を思い描きました。

十万年前、人びとが暮らしていたかもしれない大地が、今は海の底になっているというのです。海に消えた平原の存在は科学的には証明済みであるそうですが、私の乏しい理解力では、幻想世界の風景のように思えてなりませんでした。

旧石器時代に存在した平原の広がりは、出雲大社のはじまりに関係しているのではないだろうか――。成瀬氏にお目にかかった日からしばらくして、私はそう考えるようになったのですが、ここではその可能性を指摘するにとどめ、のちの章での検討課題にしたいと思います。

## ナウマンゾウが来た道

現在より平均気温が高かった縄文時代の中ごろ、日本列島の海岸線は内陸に入り込み、たとえば東京湾は埼玉、群馬などの海なし県にまで広がっていました。いわゆる

「縄文海進」です。気温上昇によって、極地や地表面の氷が溶け、海水の量が増えるからです。

それとは反対に、旧石器時代は氷期（日常語でいう氷河期）が続いていたので、海面は現在より一〇〇メートル以上も低下していました。それによって海岸線はずっと沖合に退《しりぞ》き、陸地が現在より広がっていました。

「縄文海進」の痕跡は内陸部の貝塚などによって、私たちの目にも触れやすいのですが、旧石器時代に広がっていた陸地は海の底になっているので、忘れられがちです。最も寒冷であった今から二万年ほど前、隠岐諸島は本州本土と陸続きになっていたといいます。単純計算すれば、現在より八〇キロメートル以上、海岸線は沖合にあったことになります。その分、土地は広がります。

旧石器時代の出雲地方のようすを知りたくて、『日本の地形（第六巻、近畿・中国・四国）』（太田陽子ほか／東京大学出版会）という本を見ていたところ、「象がきた道」というコラムがあり、ナウマンゾウについて解説されていました。

ナウマンゾウは中国北部から日本列島に渡ってきて、縄文時代がはじまる前の、今から二万年ほど前まで生息していたことがわかっていますが、海峡を越えた時期については意見の一致をみていないそうです。大陸と日本列島が完全に地続きになることはなかったというのが近年の定説です。とはいえ、ゾウが歩いてきたのですから、冬の最も寒い時期には、分厚い氷が海峡をつなげていたことになります。

渡来の時期は不明であるとしても、だいたいのルートは判明しています。ナウマンゾウの化石が、漁船の網にかかるなどして見つかっているからです。

同書掲載の地図をみるかぎり、ナウマンゾウの化石の分布は、現在の朝鮮半島から島根県沖に向かってほぼ直線的にのびており、たしかに「道」が見えてきそうです。島根県沖の海の底に消滅してしまった旧石器時代の平原では、ナウマンゾウたちが群れをなしていたのです。

ナウマンゾウが旧石器人にとって、どれくらい重要な狩猟対象（食料資源）であったかは不明ですが、それ以外の大型草食動物をふくめて、日本列島には縄文時代以降とは異なる生態系が広がっていました。

## 出雲のネアンデルタール人？

砂原遺跡の発見を報じる記事のなかに、「ネアンデルタール」という言葉がでていることも注目されます。砂原遺跡発見を報じた山陰中央新報の一面記事から、発掘を担当した松藤氏のコメントを載せた該当箇所を引用します。

石器を残したのは、ネアンデルタールに代表される旧人か、われわれの先祖となった新人のホモサピエンスの可能性が考えられるが、「現段階では分かっていない」とした。

松藤氏のコメント（カギカッコの部分）は非常に短いものですが、その意味するところは重大です。縄文時代の人たちは、私たち現代の日本人と多少、遺伝的な相違があったとしても、生物種としては同じホモサピエンスです。ところが、砂原遺跡を残した人については、そうとは断定できないというのです。ネアンデルタール人そのものが日本列島にいたという意味ではありませんが、それと同じ進化段階の「旧人」がいた可能性を視野に入れておくべきだということです。

ネアンデルタール人はヨーロッパから西アジアにかけての広いエリアに分布していたものの、四万年前ごろ絶滅したとされています。器用に石器を作り、頭蓋骨のサイズは今の人類より大きいなど、進化の度合いには微妙な問題があります。

自然人類学の従来の有力説によると、私たちが属する種であるホモサピエンスは、アフリカで誕生し、六万年前ごろから世界に拡散したとされています（いわゆる「後期拡散説」)。この説をそのまま、砂原遺跡にあてはめると、この遺跡を残したのは、ホモサピエンスとは別種のネアンデルタール人と同じ進化段階の「旧人」だということになります。ただ、ホモサピエンスのアフリカからの拡散はこの説よりも十数万年くらい古いという説もあり、松藤氏のコメントにあるとおり、現時点では結論めいたことは言えないようです。

アジアをフィールドとする自然人類学の研究は近年、めざましく展開しており、砂原遺跡の年代である十万年前くらいには、フローレス人（身長一メートルほどの小型の人類)、デニソワ人（ネアンデルタール人と類似）など、私たちホモサピエンスとは別種のヒトが生存していたとされています。ホモサピエンスが拡散する直前のアジアは、意外なほどの多様性に満ちていたようなのです（『我々はなぜ我々だけなのか――アジアから消えた多様な「人類」たち』川端裕人・海部陽介／講談社)。

日本の神々の世界には、天皇家の先祖神であるアマテラスをはじめとする「天つ神」とオオクニヌシを惣領とする「国つ神」の二系統があります。「天つ神」は高天原にいた神々で、「国つ神」は日本列島土着の神々と理解されています。

神話を歴史的事実とむすびつける考え方の人たちは、「天つ神」を弥生系の人たち、「国つ神」を先住民たる縄文人になぞらえています。

しかし、砂原遺跡をもとに考えてみると、「天つ神」は四万年ほど前から日本列島に住むようになったホモサピエンス、「国つ神」はそれ以前の先住民たるネアンデルタール人のような旧人ということもありえない話ではなくなります。

仮説のうえに仮説をのせるような話ですが、アマテラスに迫られ、「国譲り」に応じたオオクニヌシたち出雲の神々は、同じくネアンデルタール人めいた異種人類ということになってしまいます。

ヨーロッパでは先住者であったネアンデルタール人が滅亡し、新参者であるホモサピエンスが生き残って、現代の歴史へとつながっています。日本列島で同じような歴史があったとしても、それほど驚くべきことではないのかもしれません。

「敗者の国としての出雲」「滅びし者としての出雲族」。出雲神話を語るとき、このような固定観念めいたイメージがついてまわるのですが、もしかすると、それはネアンデルタール人のような先住者を滅ぼした罪の意識が、私たちの先祖の記憶として残ったからではないか――。そんなことまで連想してしまいますが、それは仮定を重ねた夢のようなお話です。

ところで、私たちホモサピエンスとネアンデルタール人は血縁のうえでは無関係の異種とされていましたが、近年のＤＮＡ生物学の分析により、現在の人類の多くは、ネアンデルタール人の遺伝子をわずかながら継承していることが判明しています。その事実を突き止めたスウェーデン人学者スヴァンテ・ペーボ（この研究で二〇二二年、ノーベル生理学・医学賞を受賞）の著書のタイトルが明示しているとおり、『ネアンデルタール人は私たちと交配した』（文藝春秋）のです。

もし、出雲にネアンデルタール人のような異種人類がいたとしたら、それは私たち日本人の遺伝子の一部になっている可能性もあるということです。

「神社のはじまり」というテーマをかかげながら、古い時代に飛びすぎ、空想が過ぎたようです。話を四万年前よりこちら側の「後期旧石器時代」に戻し、地に足をつけた検討を進めてみます。

## 日本でいちばん美しい石器

島根県立古代出雲歴史博物館は出雲大社に隣接し、関係する展示も豊富な、見ごたえのある博物館です。荒神谷《こうじんだに》遺跡などから発掘された銅剣や銅鐸といった国宝、重要文化財の数々。出雲大社境内の地下から見つかった巨大な柱。歴史的な展示品の数々に、見学者は驚嘆のため息を連発することになります。

普通の県立博物館でみるような、旧石器時代、縄文時代から近現代に至る時系列的な地域史の展示は、メインホールとは別の部屋にあります。私が訪れたとき、こちらは見学者も少なく、静寂に包まれていました。最初の解説パネルに、「神様石器」のレッテルによって微妙な評価に甘んじていた恩田清氏の名前がありました。こうして県立博物館のパネルにその名を記されるだけでも大きな名誉回復です。

日本列島で人類が活動を始めたのは、おもに後期旧石器時代です。ところが島根には、中期旧石器時代の石器が存在する可能性があるのです。一九七〇年代、恩田清氏らにより採集されたメノウや玉髄がそれにあたります。その評価をめぐって大きな論争となりましたが、いまだ決着をみていません。しかし近年、それら石器の一部に、中期旧石器時代の技術がみられるという意見が出されました。島根でも四万年以上も前から、人類が活動していたのかもしれません。

このパネルの文面は遠慮がちのトーンですが、島根県に日本列島で最古クラスの遺跡がある可能性を述べています。恩田氏の収集品の展示がないのは肩すかしでしたが、同じコーナーに島根県内出土の旧石器が並んでいるので、玉髄をつかった当地の石器の特色は一目でわかります。

松江市の玉作り産地で見つかった石器が、東北に特有の「湧別技法」で作られたものであることは先に紹介（90ページ）しましたが、この技法による石器も同じコーナーに展示されています。

鋭利な刃物などに使われる石器素材といえば、黒光りする黒曜石やサヌカイト、薄茶色の硬質頁岩《けつがん》が日本列島では一般的です。ところが、この博物館に展示されている石器の多くは玉髄で、赤系統の色が目立ちます〔巻頭カラー写真〕。

赤系統の玉髄石器の色については、赤褐色とか濃いオレンジ色とかさまざまに表現されます。黄土色系統のものもありますが、ぬめりのある岩肌をしており、独特の美観を有しています。

縄文時代の土器や土偶は国宝にも指定されているくらいですから、一種の芸術作品としての国民的な評価を得ています。それに対し、石器は地味な道具にすぎないと思われがちですが、専門家のあいだではその美しさが話題にされることもあるようです。

少なからぬ考古学関係者が「日本でいちばん美しい石器」と認めている石器が展示されていると聞いて、長野県伊那《いな》市にある郷土資料館を訪れたことがあります。神子《みこ》柴《しば》遺跡という旧石器時代と縄文時代の端境期の遺跡から出土したもので、尖頭器《せんとうき》と呼ばれる細長い木の葉っぱのような形の石器です〔巻頭カラー写真〕。

黒曜石や頁岩を素材としているのは定番どおりですが、左右対称に細く鋭い切っ先が造形されています。長さは二〇センチメートルを超えるものもあります。石器を見慣れた研究者が、その美しさを賞賛する理由は、技術的な洗練をきわめた「造形美」にあります。名人によって打たれた日本刀が、技術を超えた芸術の域に達するというのと似た世界です。

それに対して、古代出雲歴史博物館に展示されている玉髄の石器群は、素材の石がもつ色彩や光沢によって異彩を放っています。もし、「日本でいちばん美しい石器」コンテストが開かれ、「色の美しさ部門」があったとしたら有力な優勝候補です。

恩田氏が収集した「石器」らしき石片は、島根県古代文化センターによってまとめられた報告書に付録されているCDで見ることができます。赤、緑、青系統の玉髄、メノウが多くを占め、石器というには、あまりにも艶やかな色です。その美しすぎる色が、「神様石器」と揶揄される一因だったとしたら、気の毒なことです。玉髄、メノウのもつ独特の色と光沢こそ、出雲地方の石器の特徴であることが、現在では明らかになっているからです。

考古学の論文では、淡々と「玉髄の石器」と書かれていますが、「玉髄」という学術用語のなかに、すでに「玉」の輝きがふくまれています。玉髄のうち、美観に秀でた石は碧玉（青メノウ）、赤メノウと呼ばれ、玉作りの材料とされています。

玉髄は明治以降、鉱物学のうえでカルセドニーという種類の石の訳語になっていますが、江戸時代の石のコレクターである木内石亭《きのうちせきてい》の著作『雲根志《うんこんし》』にも記載されています。「玉髄は玉のある所の山中、玉のいわやにあり」と説明されており、碧玉やメノウと思われる「玉」と玉髄の関係に注目していたことがわかります。

## 縁結びの神さまの輝かしい女性遍歴

出雲の「玉」を手がかりとして、関東、東北まで視界に入れつつ、「神社のはじまり」を探究したこの章の最後に、再び、オオクニヌシについて考える必要があるでしょう。

オオクニヌシは出雲大社の主祭神であり、出雲神話の主人公です。伊勢神宮のアマテラスが「天つ神」の代表であるように、オオクニヌシは「国つ神」の王者ともいえる存在です。

「古事記」「風土記」をはじめとする古代の文献に、オオクニヌシの偉業の数々が物語られているかというと、実はそうでありません。

人びとに害をおよぼすモンスター（八岐大蛇《やまたのおろち》）を退治したスサノオのように、英雄的な武勇伝があるわけではありません。辺境に割拠する荒ぶる神々との戦いに疲れ果て、故郷に帰還する旅の途中で絶命したヤマトタケルのような悲劇の英雄でもありません。オオクニヌシは国作りの神であるともいわれます。しかし、イザナギ、イザナミ夫婦による「国産み」のように生々しいまでの具体性はまるでありません。因幡の白ウサギを助けたほか、これといった善行の記録も見当たりません。ヤマトタケルと同じように、オオクニヌシは日本列島を東奔西走しています。しかし、この神が何をやっているかというと、美貌のほまれの高い各地の女神にアプローチして、ことごとく男女関係にもちこんでいるのです。

オオクニヌシには八千矛神《やちほこのかみ》という別名があり、「矛」は剣に似た武具ですから、たくさんの武器をもった軍神であるという説があります。この神名を根拠として、「出雲王国論」の提唱者たちは、オオクニヌシのモデルは実在した勇ましい武人であるといいますが、期待に反して、「古事記」にも「日本書紀」にも、戦場をかけまわる勇ましいオオクニヌシの姿は見えません。

オオクニヌシの逸話の大半は、女神たちとのラブストーリーです。その事実を重視する人は、八千矛神の「矛」は剣ではなく、男根《ペニス》だといいます。こちらの解釈では、八千矛神とは「八千の男根をもつ神」です。

オオクニヌシは、結婚、恋愛の良縁をかなえてくれる「縁結びの神さま」として、とくに女性の参詣者からの熱い崇敬をうけています。神話世界のこととはいえ、公然と一夫多妻の結婚生活を満喫しているオオクニヌシにその資格があるのか、疑問がないわけではありませんが、全国各地に愛人と子どもがいるという顔の広さと活力が、頼りにされる根拠なのでしょう。

オオクニヌシが子作りの相手を願った女神は十名以上、生まれた子どもの数は百八十神だと書かれています（古事記の原文「僕子等百八十神」）。この数字は「延喜式」に記載された出雲国の祭神の数（百八十七座）に近いとか、八百万《やおよろず》の神々のように現実の数字ではなく、数の多さの表現であるなどとも言われています。

それにしてもこの子どもの数は異様な多さです。ここに注目すると、縁結びの神さまであるオオクニヌシとは、子作りの神、子宝の神、そこから派生する豊穣の神なのではないかという疑いも生じます。

オオクニヌシの容貌がうかがえるエピソードを、「古事記」からふたつ紹介してみます。

スサノオの娘スセリビメは、オオクニヌシの正妻とされる女神です。オオクニヌシとの初対面のあと、スセリビメは「いと麗しき神、来たり」と父親のスサノオに報告しています。

もうひとつの場面は、兄たちの陰謀によって火で焼いた巨石につぶされてオオクニヌシが死んだ直後のことです。母神とふたりの貝の女神の神秘的な治療によって、オオクニヌシは復活し、「麗しき壮夫」になって活動再開したとしるされています。三名の女神によって、オオクニヌシは美丈夫《びじょうふ》として再生したのです。

いずれも女性視点の言葉であるという文脈のうえからも、「いと麗しき神」とは、立派であるだけでなく、とても美しい男神というニュアンスが含まれているのではないかと思います。

神々の世界も人間の世界も同じなのかという身も蓋もない話になってしまいますが、オオクニヌシが多くの女性に愛される最大の原因はビジュアルの良さにあるということになります。

## オオクニヌシと三種の神器

問題はなぜ、オオクニヌシは日本の神話世界で、圧倒的な美しさを誇示できるのかということです。

玉と神をめぐるここまでの考察から導き出せる回答案があります。さまざまな色と光沢をもつ花仙山の石の美しさこそ、オオクニヌシの女性人気の神話的な根拠であるということです。

神話学者や民俗学者がオオクニヌシに「玉の神」の一面を見ていること。

出雲神話のなかのオオクニヌシが、女性にもてまくっていること。

このふたつは、ひとつの事実の表と裏という関係であると思います。

玉髄の赤系統の石には、透明感の強いオレンジ色のものから、黄色に近いもの、濃い紅色のようなものまでさまざまなバリエーションがあります。弥生時代以来、緑色系統の石ばかりを素材としていた玉作りの歴史のなかで、赤系統のメノウを出現させたのは出雲の産地であったといいます。赤メノウは出雲のブランドカラーでした。

緑色や青系統の石についても、「出雲石」と称された深緑色の碧玉だけでなく、青色、モスグリーンなどさまざまです。水晶がとれるので、白系統の色や透明の石もあります。花仙山という地名にふさわしく、赤、青、白と、花のようにさまざまな色と輝きをもつ美しい石がこの地にはありました。

そしてもうひとつ、花仙山をほかの玉作り産地から際立たせているのは、「ものづくり」の歴史のとてつもない長さです。

確実な年代でいっても三万何千年前から、賛否両論のある遺跡の年代のうえでは十万年くらい前から、花仙山の玉髄を材料とする旧石器文化が出雲地方にとどまらず、山陰、山陽地方に広がっています。

花仙山の「玉」の美しさと三、四万年、もしかすると十万年におよぶかもしれない石器文化の歴史。そして千五百万年前の火山に由来する温泉の霊威。こうした諸々が出雲大社を背負うオオクニヌシに、国つ神の「王者」としての資格を与えていると思えるのです。

オオクニヌシが女性に愛される理由は、「玉の神」であるゆえの美しさと結論づけていいような気がしますが、問題はそこにとどまりません。

三種の神器のうち「草薙剣」は、古事記神話のうえではスサノオが八岐大蛇の尾からとりだし、アマテラスに献上、そのあとヤマトタケルに継承されます。「武」のシンボルである草薙剣は、スサノオとヤマトタケルによって象徴されています。名古屋市の熱田《あつた》神宮に伝来する剣こそが、その本物であると当地では信じられてきました。「八咫鏡」は天孫降臨のとき、アマテラスによって孫のニニギに与えられています。政治的な正当性を示すこの神器は、太陽神でもあるアマテラスの分身です。

そして、第三の神器である「八尺瓊勾玉」。この神器がいかなる神とむすびつくのかは判然としません。

一説によると、アマテラス、スサノオのきょうだいである月の神ツクヨミだといいます。勾玉の形や色合いは三日月に似ているともいえるからです。しかし、「古事記」や「風土記」の神話のなかでも、人間と神々が接する全国各地の神社でも、ツクヨミの存在感はきわめて乏しいものです。日本列島の王権を支える力があるとは思えないのです。ここまで集めてきた情報を整理してみます。

① 三種の神器のうち、勾玉は出雲の花仙山の石でつくられた可能性が高い。
② 出雲国造が玉造温泉で潔斎をするのは、オオクニヌシの神霊を宿す現人神になるため（菅田正昭氏の説）。
③ オオクニヌシには翡翠の女神との婚姻関係など、「玉の神」としての性格がある。

この三つの情報を踏まえると、天皇家に伝わる三種の神器のひとつ「八尺瓊勾玉」は、出雲の花仙山の石でつくられた玉であり、それはオオクニヌシによって象徴されていると考えるのが最も整合的であると思います。

もし、この見通しが真実に近いとしても、出雲の神であり、国つ神の王者というべきオオクニヌシが、天皇家の「三種の神器」を象徴しているのは不自然です。しかし、そのような微妙な状態であるからこそ、出雲大社の宮司を世襲する出雲国造の関与（支援？）が必要とされたのだと思います。「出雲国造神賀詞」の文面のなかで、オオクニヌシとその子どもたちが奈良の都を守護することが表明されるのも、再確認の意味合いがあったと考えることができます。俗に言えば、「言質《げんち》を取る」ということです。

出雲大社の最高責任者である出雲国造は、太古の火山である玉作りの山のふもとで潔斎し、天皇に「玉」を献上し、神賀詞を奏上しました。三種の神器のひとつ「八尺瓊勾玉」の神威《パワー》を維持、更新し、願わくは増幅させることが期待されていたからではないでしょうか。

一連の祭祀からは、私たちの先祖が共有していた「玉」への深い思いとともに、出雲の神への畏敬を読み取ることができると思います。

この章を閉じるにあたり、ひとつの仮説的な結論を提示したいと思います。それは、出雲の神々の物語をとおして日本人が受けついできたのは、「玉」と温泉によって象徴される火山列島の信仰だったのではないか——ということです。そしてそれは出雲にかぎった話ではないと思うのです。火山列島の大地の歴史が神社のはじまりと交差している現場をもとめて、探究の旅はまだまだ続いてゆきます。

# 第三章　聖地と温泉――熊野から伊豆へ

## 熊野と出雲の共通点

和歌山県南東部の熊野地方には、熊野三山と呼ばれる熊野本宮大社、熊野速玉《はやたま》大社、熊野那智《なち》大社が鎮座しています。熊野三山というまとまりができるのは、平安時代、修験道《しゅげんどう》が盛んになって、三重県の一部もふくむ巡礼のコースが定着したことによります。それが熊野古道《くまのこどう》と称される信仰の道で、世界遺産「紀伊山地の霊場と参詣道」へとつながっています。

世界遺産に登録されている神社や寺院は少なくありませんが、古来、「日本第一大

熊野古道・大門坂

霊験所」と称された熊野は、日本を代表する聖地として世界的な名声を得つつあるようです。

さて、この章のテーマは熊野を起点として、日本列島の火山的風土から生まれる信仰について考えてみることです。キーワードは「湯」と「岩」、すなわち温泉と火山岩です。

熊野に火山なんてあった？　そう思われる方がいるかもしれませんが、日本列島史において空前絶後の超巨大噴火が、熊野の地で起きたことが判明しています。というよりも、熊野とはその超巨大噴火の痕跡地そのものです。

気象庁は日本の火山のうち、過去一万年間に噴火したかどうかを基準として、百十一の活火山を指定し、警戒の対象としています。しかし、それは日本列島に群雄割拠する火山のほんの一部にすぎません。一万年より前に活動していた休火山、死火山をふくめると日本列島にはおびただしい数の火山があります。大陸から分離したあとの「千五百万年の日本列島史」におけるすべての火山のなかで、最大の火山が熊野にありました。

平安時代の熊野詣《くまのもうで》は阿弥陀信仰と重なり、神仏混淆《しんぶつこんこう》し、修験道の色合いが強いものだったようです。当然ながら聖地としての歴史はそれ以前からありました。

まず、熊野に鎮座する神社の歴史はどの時代までさかのぼることができるのか、という問題があります。「古事記」「日本書紀」には何も書かれていませんが、「扶桑略《ふそうりゃっ》記《き》」という平安時代の文献は、第十代崇神《すじん》天皇のときとしています（原文「熊野本宮此帝御時始之」）。半ば伝説的な天皇ですが、実在の人物であれば、ヤマト王権の初期、古墳時代のはじめごろというあたりです。

前の章を踏まえて、まず検討したいのは熊野信仰のはじまりを出雲にむすびつける伝承や言説です。

地元出身で熊野信仰史の専門家である二河良英氏は、熊野本宮大社など熊野にある古社の創始について、「古く出雲国の人々が当地に移住し、故郷の熊野大神（出雲国意宇《おう》郡の式内名神大社『熊野坐神社』）を勧請したとする説があり、これが半ば定説化している向きもある」と述べています。ただ、それとは逆の熊野から出雲への移住説、地名の一致にすぎないとする説もあり、結論は出しがたいというのです（『日本の神々――神社と聖地』第六巻／白水社）。

出雲の熊野大神とは、松江市の山あいに鎮座する熊野大社の祭神です。出雲大社は名実ともに出雲国を代表する神社のようにみえますが、平安時代のはじめごろまでは熊野大社のほうが格上だったという説もあります。「出雲国造神賀詞」の文面にもこの二社が見えますが、熊野大社が先に置かれています。合併により現在は松江市の一部になっていますが、もとの八雲村《やくもむら》です。その中心部からもかなり離れたところに熊野大社は鎮座しています。

熊野三山は本来、別の神社であり、上下関係はないはずですが、熊野本宮大社（和歌山県田辺《たなべ》市）が筆頭格とみなされ、全国の熊野信仰の中心となっています。

高台にある社殿は十二に区画された構造で、それぞれの社殿に祭神名が掲示されています。主祭神は第三殿に祀られている家津御子神《けつみこのかみ》（家津美御子大神《けつみみこのおおかみ》）。木札に書かれたこの神名の左に、素戔嗚尊《すさのおのみこと》とカッコ書きされているのを見て、ずいぶんはっきりと書いているなあ、と驚いた記憶があります。家津御子神の正体はよくわからず、諸説あることを聞いていたからです。

出雲からの移民によって紀州の熊野信仰がつくられたという説は、熊野という地名の一致に加えて、祭神がスサノオと同一視されていることを根拠としています。ヤマトに征服され、出雲を追われた人たちは、紀伊山地の奥深くに住んだという歴史が想定されているのです。

出雲の人びとは強制移住によって熊野の山奥に居住させられたのか。それとも、ヤマトへの復讐の機会をうかがうため、あえて奈良盆地の奥地につづく山地に身を潜めたのか。いろいろな説ばかりが多く、真実はいまだ不明です。

## 紀州は出雲神話「第二の舞台」

出雲から熊野への移民であれ、その逆方向の移民であれ、そうした歴史は現実には起きておらず、熊野という地名は平地から遠い、奥まった地形を意味するにすぎないという説もあります。熊野の地名は全国に何か所かあり、紀州の熊野もそのひとつだというのです。

私の印象も移民説はきびしいかなという感じですが、さりとて東西ふたつの熊野を無関係とみることには反対します。熊野地方をふくむ紀州（和歌山県）は、「古事記」にしるされた出雲神話の第二の舞台といっていいほど重要な土地であるからです。

オオクニヌシを主演男優として、古事記神話を歌舞伎めいた演劇作品にしようとすると、紀州の場面のための舞台装置を用意する必要があります。物語の展開のうえで、省略できない重要な場面であるからです。

出雲世界の王者になる前のオオクニヌシは、大勢の兄たちに虐《しいた》げられるいじめられっ子という役柄です。イジメというのは穏当すぎる言葉かもしれません。なんと、因幡国《いなばのくに》のヤガミヒメへの求婚に成功したオオクニヌシは、兄たちに妬まれて殺されてしまうのです。母神の献身によって生き返るのですが、再び兄たちに殺され、出雲においては危険ということで、母神はオオクニヌシを紀州の神のもとに逃がします。歌舞伎であれば、ここで舞台が回転し、紀州の神々のもとで暮らすオオクニヌシの場面に変わることになります。

兄神たちはオオクニヌシを追いかけて紀州に至り、紀州の神にオオクニヌシの身柄を引き渡すよう要求します。そこで紀州の神は、スサノオの領国である根之堅州国《ねのかたすくに》に行くよう助言するのです。そこで再び舞台はまわり、根之堅州国に赴いたオオクニヌシが、今度はスサノオの娘スセリビメと恋仲となり、いくつかの試練を乗り越え、出雲世界の王者になるという大団円にむかって物語は展開してゆきます。
「古事記」の文面を読むと、出雲と紀州をつなぐ「どこでもドア」があるかのように、神々は出雲と紀州のあいだを瞬間移動で往来しています。

国産みの女神であるイザナミの墓も、出雲と熊野に伝承地があります。「古事記」では出雲の比婆山《ひばやま》ですが、「日本書紀」の一伝では、イザナミを「紀伊国の熊野の有馬《ありま》村に葬りまつる」と記されています。

オオクニヌシは、一寸法師のようなサイズのスクナヒコナという神と協力して、国作りを進めましたが、スクナヒコナが死ぬとき、「熊野の御碕《みさき》に行き至り、遂に常世《とこよ》の郷《くに》に適《ゆ》きます」という記述が「日本書紀」のなかにあります。この熊野についても両論がありますが、死後の世界を海の果てとする「海上他界観」という観念もあるので、紀州の熊野とみる論者が多いようです。

## マグマの風景

和歌山県新宮《しんぐう》市は、名古屋、伊勢方面から向かうとき、熊野めぐりの起点となるところです。さまざまな歴史と伝説にいろどられたこの町の市街地に、熊野三山のひとつ熊野速玉大社が鎮座しています。その奥宮のような位置づけをされているのが、歩いて十分ほどの場所にある神倉《かみくら》神社です。紀伊半島に上陸した神武《じんむ》天皇が拠点とした場所であるという伝承があり、熊野修験の根本道場であったともいいます。

一〇〇メートルちょっとの小高い山につづく、自然石を積み上げたような、荒々しい石段があります。私の場合、写真撮影も目的だったので、ゆっくりと一時間近くかけて石段を登りきりました。山の中腹が祭祀場になっており、小型バスほどの大きさの石が空間に浮かんでいるように見えました。ゴトビキ岩と呼ばれる巨岩は神倉神社の祭祀の対象であり、熊野を代表するイワクラ（神のいる場所。依代）です〔巻頭カラー写真〕。

ゴトビキ岩は熊野カルデラ噴火のときのマグマが固まったものです。火山岩（噴火時の溶岩が固まった岩石）と深成岩《しんせいがん》（火山のマグマが地下で固まった岩石）の中間的な性格をもっているといいます。「熊野酸性岩」と総称され、熊野の風景を特徴づけるザラザラした岩肌の白っぽい岩石です。

ここでいう岩石の「酸性」とは、酸性、アルカリ性という分類ではなく、溶岩の粘り気をつくる二酸化ケイ素（$SiO_2$）が多いことを示します。二酸化ケイ素の少ない溶岩はハワイ島、伊豆大島《いずおおしま》の火山で見られる川のような溶岩流となりますが、粘り気が多い溶岩は流動性が乏しいので、噴火のあとに大きな岩のかたまりを残します。

那智の滝と鳥居

科学の用語で表現するならば、熊野信仰で祭祀の対象となっている巨石（イワクラ）は、二酸化ケイ素（粘り気）に富んだマグマの造形物です。日本列島の火山は、粘り気のある酸性の溶岩を噴出する傾向があるので、存在感と個性にあふれた巨岩をつくりだしています。

富士山のような三角錐の「成層火山」ができるのは、中くらいの粘り気のマグマがくりかえし噴火するケースだとされています。粘り気に乏しい溶岩を出すハワイの火山は、ペシャンコな形の「楯状火山」になります。

熊野三山のひとつ熊野那智大社には、ご神体でもある有名な「那智の滝」があります。滝の正面に鳥居があり、そこで柏手を打つと目の前には、水を落下させる巨大な岩がほぼ垂直に一三〇メートル以上の高さで切り立っています。ご神体の滝は巨大なイワクラでもあるのです。これも粘り気の強いマグマから生まれた「熊野酸性岩」です。

滝を生みだしている巨岩は、何本もの石の柱が並んでいるように見えます。柱状《ちゅうじょう》節理《せつり》です。マグマが冷え固まるときの収縮によって、タテ方向に角張った柱状の筋目ができると考えられています。

現代社会に生きる私たちは、科学の言葉によって、不思議な形の岩の成り立ちを一応、理解したつもりになれますが、昔の人たちはどのような思いで、巨大な柱のかたちをした岩を見上げたのでしょうか。

日常的な常識では解釈ができない自然の造形物を見たとき、そこに人間を超えた存在を想像することは古今東西、ごく普通の反応だと思います。那智の滝が祭祀の対象になった時期は不明ですが、「神社のはじまり」を考えるうえで忘れることのできない風景です。

## 天までつづく岩の「柱」

日本列島は世界でも有数の火山地帯ですから、柱状節理はそれほど珍しくはないも

高千穂渓谷の柱状節理

のの、一〇〇メートルに近いものは数えるほどしかありません。神社とのかかわりで有名なひとつが熊野の那智の滝であり、もうひとつが「天孫降臨」の神話とともに知られる宮崎県の高千穂《たかちほ》渓谷に存在します。

神話のうえでは、「国譲り」によって地上世界の支配権を得たアマテラスが、孫であるニニギをそこに送り込みます。舞台は出雲から九州の日向《ひむか》に移り、「天孫降臨」によって、神々の物語が人間の歴史に接合されています。

高千穂の柱状節理は、阿蘇山（熊本県）の巨大噴火で発生した火砕流が冷却するときに形成されたものです。阿蘇カルデラをつくった巨大噴火（十二万年前、九万年前など四回）は、大量の火砕流を噴出し、それは九州の半分近くに広がったことがわかっています。高千穂渓谷は、火砕流が固まった台地が、川によって浸食されてできたものです。

川の流れに沿って垂直に切り立つ断崖は一〇〇メートル前後の高さで、みごとな六角形をした岩の柱が何本も連なっています。渓谷の川原からの上り道をしばらく歩いたところに、天孫降臨にかかわる神々を祀る天岩戸《あまのいわと》神社が鎮座しています。

高千穂渓谷の柱状節理をつくった阿蘇山の噴火は、熊野カルデラ噴火の規模には劣るものの、日本列島で数万年に一度あるかないかというレベルの超歴史的な巨大噴火です。

私が天岩戸神社に参詣したのは二十年ほど前で、神社境内の風景の記憶は薄れているのですが、柱状節理の見事さは鮮明におぼえています。「脳裏に焼き付く」という慣用句がありますが、まさにそれに当てはまる脳内の現象です。「天孫降臨」の神話そのものを史実とすることはできないとしても、この岩の柱をつたって、天から神さまが降りてきたと古代の人びとが考えたことは十分に納得できます。

神さまの数をあらわすとき、ひと柱、ふた柱と言いますが、これは柱状節理に関係するという説があります。もしかするとそうなのかなあと思ってしまうほどの神秘の風景ですが、今もって神々についての日本語独自の数詞である「柱」の由来は不詳であるそうです。

そういえば、大ヒットしたマンガ作品『鬼滅の刃』では、鬼たちと戦う鬼殺隊のなかで最高幹部クラスの隊士は「柱」と呼ばれています。当然ながら、「柱」の呼称には「神」のニュアンスが漂っています。

オオクニヌシにゆかりの大黒柱といい、有名な諏訪大社の御柱祭といい、「柱」という言葉は、神社の歴史のなかにしばしば登場しますが、「柱とは何か」という問題は未解明です。

## 熊野カルデラと熊野温泉

玉作りの山が日本列島形成時の火山であることを第一章で話題にしましたが、同じころの千五百万年前（といっても地質年代の話なので、百万年単位の違いはあるのでしょうが）、熊野地方で日本列島史において最大とされる超巨大噴火が起きたことがわかっています。

大陸から分離してまもない原初の日本列島およびその周辺の海底では、とてつもないスケールの火山活動が長期間つづいていました。というよりも、火山活動をともなう、すさまじい大地の変動によって、日本列島の原形が大陸から切断され、大海に漂う孤島になってしまった――と考えたほうがいいのかもしれません。日本列島の〝出生の秘密〟と火山の活動史は不可分の関係にあります。

熊野地方で起きたこの超巨大噴火によって、重さで三兆トン、体積でいえば一二〇〇立方キロメートルのマグマが地中から放出されたと推定されています。単純に計算すると、一辺が一〇キロメートルの立方体（サイコロ）よりもさらに大きな量です。火山内部のマグマが溶岩や火砕流、火山弾や火山灰などとなって大量に放出された結果、本来の大地は崩れ、巨大な陥没地形が生じました。それが熊野カルデラです（巽好幸『地震と噴火は必ず起こる――大変動列島に住むということ』新潮選書）。

カルデラとは鍋を意味するラテン語系の言葉で、噴火によって形成される鍋状の地形をいいます。熊野カルデラの直径は四〇×二〇キロメートルと推定されているので、世界的にも有名な熊本県の阿蘇山のカルデラ（直径二五×一八キロメートル）を大幅に上回るサイズです。

カルデラの大きさは、噴火の際のマグマの放出量によって決まるのですから、熊野カルデラの噴火が、いかに恐るべき規模であったかがわかります。ただ、あまりにも古い時代の噴火です。阿蘇の外輪山《がいりんざん》のようなカルデラ地形は残っていません。それで、一般のカルデラと区分けするため熊野コールドロンとも呼ばれています。

湯の峰温泉

熊野カルデラは、紀伊半島の最南端にある串本町《くしもとちょう》から、那智勝浦町《なちかつうらちょう》、新宮市、田辺市に至るエリアです。熊野の超巨大火山が残した地形や風景は三重県の一部をふくめて、世界遺産「紀伊山地の霊場と参詣道」と重なり、熊野三山の神社の背景をなしています。

その熊野カルデラの外輪山の跡に沿うように、月野瀬《つきのせ》温泉、勝浦温泉、本宮《ほんぐう》温泉などの温泉地が曲線状に分布し、太古の巨大火山との関係が議論されています。

熊野本宮大社から三キロメートルほど南にある川湯《かわゆ》温泉は、川底から温泉が湧いており、川そのものが天然の露天風呂となっています。地元の観光協会や旅館で用意した露天風呂もありますが、観光客が河原を掘れば、温泉が噴出して、「マイ露天風呂」ができることを売り物にしているのですから、驚くべき湯量です。川遊びができない寒い季節には、川をせき止め、四〇メートルほどの幅をもつ天然の巨大浴場を用意して、来訪者を迎えています。

熊野本宮大社の近くには、この川湯温泉のほか、湯の峰《ゆのみね》温泉、渡瀬《わたぜ》温泉にも旅館街があり、三か所をまとめて本宮温泉といいます。

私が以前、参詣したときは、熊野本宮大社から湯の峰温泉に向かいました。巡礼の道であった「熊野古道」の流れをくんでいるとはいえ、アスファルト舗装されたごく普通の道ですが、突然という感じで、十数軒の旅館や民宿が川沿いに密集して立つ一画が見えてきました。映画のセットではないかと見まがうほど、商業的な俗っぽさとは無縁の、古めかしいたたずまいの温泉街です。

「小栗判官《おぐりはんがん》」の物語は中世の説教節で伝えられ、歌舞伎、人形浄瑠璃にもなっていますが、湯の峰温泉はその舞台です。敵によって殺されかけ、みにくい体になった小栗判官が当地に運ばれ、熊野温泉の霊威によって、もとの美丈夫によみがえるという内容です。

そうした物語の背景になった小さな岩風呂があり、「つぼ湯」の名称で今も公衆浴場として継承されています。小さな小屋のなかの岩風呂です。

そのそばには、温泉の湯を利用して野菜などをゆでるための調理場がもうけられています。温度は九〇度くらいあるそうです。

縄文時代に土器が発明されたことによって、ゆでる調理が可能になったと一般には考えられています。しかし、これほどの高温の温泉を利用すれば、野菜だけでなく、肉や魚をゆでることができます。小さな岩場を組めば、岩塩で味付けをして、家族で楽しむ「鍋料理」くらいできそうです。

温泉の鍋料理は空想のしすぎのようですが、慎重に見定めても、観光地でおなじみの「温泉卵」は、旧石器、縄文時代からの歴史があるはずです。

湯の峰温泉は熊野古道に沿っており、熊野本宮大社を目指す巡礼者が足を休め、潔斎する場所でもありました。歴史的な岩風呂である「つぼ湯」は、世界遺産「紀伊山地の霊場と参詣道」の一部として登録されています。

## 「ゆ」とは何か

社伝によると、崇神天皇の時代、熊野川の中洲に社が建てられたのが、熊野本宮大社のはじまりとされています。本宮大社から歩いて五分ほどのところにある大斎原《おおゆのはら》と呼ばれる以前の鎮座地のことです。明治二十二年（一八八九年）、大洪水によって社殿の多くが破壊され、現在の鎮座地である高台に移転しました。

熊野の大斎原（おおゆのはら）とは、「大湯原」の意味であり、それは「出雲国風土記」にある「川辺の出湯」と同じような自然湧出の河原の温泉ではないか――。そうした内容の論考を以前、読んだことがあります。

平安時代ごろの文献である「熊野権現垂迹《すいじゃく》縁起」が、大斎原のことを「大湯原」と表記しているのも意味深です。「大湯原」という地名については、当地で「湯立《ゆだて》神楽《かぐら》」が演じられていたことに由来するという説もありますが、「湯立神楽」そのものが温泉の神秘を演劇化したようにも思えます。

大斎原が大湯原とも表記されることが、それほど問題視されなかったのは、「斎」の字には、「ゆ」の読みがあって、「神聖である、触れてはならないの意をあらわす語」（『岩波古語辞典』）であるからです。それに大斎原から温泉が湧き出ているわけではないので、斎（ゆ）と湯（ゆ）の関係が注目されることは少なかったようです。

しかし、古墳時代だと伝承される熊野本宮大社の創始よりも古く、原初的な熊野信仰があったとしたら、それはいかなるものだったのでしょうか。

その発生地の探究においては、大斎原と呼ばれる河原の旧鎮座地に限定するのではなく、熊野の歴史と風土の全体に視界を広げる必要があると思います。そうした視点に立ったとき、熊野における温泉の存在感は無視しがたいのです。

先ほども書きましたように、日本列島の住民が、日常的にお湯を沸かすことができるようになったのは、土器をつくりだした縄文時代からです。それより前に高温の水のことを「ゆ」と表現する言葉があったとしたら、それは自然界に存在する湯、すなわち温泉にほかなりません。「ゆ」という言葉に、神聖な響きがあり、「斎」の字があてられているのは、私たちの先祖が温泉の存在を知ったときの神秘の感情が、語感に残っているからではないか――と考えることもできます。

熊野カルデラをつくった太古の火山はもはや噴火口の場所もわからない、完全な死火山です。それにもかかわらず、温泉の多い日本のなかでも、屈指の高温の湯を出すことで知られています。しかも、熊野信仰の中心地である熊野本宮大社に近い湯の峰温泉で、最も高温の九〇度の湯が湧出しています。

熊野の大地の歴史から考えられることは、熊野本宮大社の社殿ができ、神社のかたちが整う前にあったのは、自然湧出する温泉に対する素朴な信仰ではなかったかということです。

熊野の温泉は病や傷からの回復をうながす「癒しの湯」です。現在も長期滞在の湯治場としての性格をもっています。

熊野三山のうち、熊野那智大社、熊野速玉大社の奥宮ともされる神倉神社には、先述したとおり、熊野カルデラの噴火のときに形成された「岩」が見えました。それに対し、熊野本宮大社の背景に見えるのは、「湯」の聖地です。

## 大地から漏れ来るもの

温泉の分類法に、火山性温泉、非火山性温泉という分け方があります。熊野地方どころか関西に活火山はひとつもないので、熊野の温泉は典型的な非火山性温泉です。なぜ、活火山のない紀伊半島の熊野で、これほど高温の温泉が出るのか。それは現代の科学者にとっても謎であり、湧出のメカニズムはいまだ完全には解明されていません。

ひとつの説は、熊野の地下には、千五百万年前の超巨大噴火のときのマグマが余熱をもってくすぶっており、熊野の温泉の熱源になっているという考えです。ひところは定説のように紹介されていましたが、いくらなんでも時間が経過しすぎという疑問は払拭できません。

そこで近年は、太平洋プレートが沈み込むときに発生する高温の流体が、熊野カルデラに由来する亀裂や岩脈を介して上昇していると説明されることが多いようです。

和歌山大学で教鞭をとっておられた地質学者の原田哲朗《はらだてつろう》氏は、熊野本宮大社周辺の「本宮地域」の温泉について以下のように解説しています。

深部の高温部からの岩石を通じての熱伝導だけではとても説明できません。それで現在では、地下深部から上昇してくる高温流体（水蒸気やガスを含む深部熱水）と地下水が混合し、高温泉水が生成すると考えられています。本宮地域の地下深部でもこうした状況が想定され、（中略）深部熱水の温度は約二一〇℃と推定されています。（地質学雑誌『アーバンクボタ』38号）

温泉湧出のメカニズムに加えて、本稿のテーマにおいてさらに重要な情報がこの一文にはあります。地下深くから上昇する熱水に、水蒸気やガスがふくまれていることです。それに関係するかもしれないエピソードが、「古事記」の「神武東征」のくだりに出ているからです。

神武天皇は実在の人物かどうかもふくめて謎の多い存在ですが、天皇家の系譜では初代天皇とされています。イワレヒコという名前が記録されていますが、ここでは即位前についても神武天皇と表記します。神話的系譜のうえでは、天孫降臨によって九州に定住したニニギのひ孫です。

神武天皇の軍団は船にのって九州から瀬戸内海ルートで近畿へと向かい、大阪湾からの上陸を在地勢力にはばまれたため、迂回して熊野に至ります。『新編日本古典文学全集　古事記』の現代語訳で、熊野に上陸した直後の場面を見てみます。

> 熊野の村に着いた時に、大きな熊が、ちらりと見え隠れして、そのまま姿を消した。すると神倭《かむやまと》伊波礼毘古命《いわれびこのみこと》（引用者注：神武天皇のこと）は、毒気に当てられて急に正気を失い、また軍勢も、皆正気を失って倒れてしまった。

熊野を進軍しようとしたところ、神武天皇と配下の兵士たちは、幻覚のようなクマを目撃し、そのあと、全員が意識を失ったというのです。この記述について、「熊」とは動物のクマではなく、敵対する熊野の在地勢力を文学的に表現したものと解釈するのが通説的です。熊野とクマ。一種の言葉遊びということになります。

一方、この現象を地中から湧き出るガスによる中毒とする説があります。早稲田大学のロシア語教師だったアレクサンドル・ワノフスキーという亡命ロシア人は、戦後まもなく発表した『火山と太陽——古事記神話の新解釈』（元々社）という著書のなかで、「天孫の軍隊は地隙から吹き出る有毒な火山ガスや蒸発物による瘴気の満ちている地帯に入った。（中略）全軍はすでにすっかり毒ガスを吸い込んで、意識を失ったのである」と述べています。

神武天皇と兵士たちの失神として述べられていることを、熊野の山中に住むダルという名の妖怪とむすびつける説もあります。

深い山の中の熊野古道を歩いている巡礼者が、ダルに取り憑かれると、激しい空腹感、疲労感に襲われ、一歩も進めなくなる。なかにはそのまま死んでしまう人もいた――。似たような妖怪伝説はほかの地域にもあります。しかし、熊野地方では近現代になっても、ダルに憑かれたという体験が報告されています。妖怪というには、あまりにも身近な危険であるので、熊野山中を歩くときは、弁当を食べきらず、すこし残しておくという教えもあるそうです。

熊野は言わずと知れた、修験道の一大拠点です。熊野本宮大社をはじめとする熊野三山の信仰も、典型的な神道ではなく、修験道の色彩が濃いといわれています。

人里離れた山ならば、古代の日本列島の至るところにあったと思います。そのなかで熊野の山が修験道の中心となったことについては、何か特殊な要因があるはずです。それは神武天皇の失神や妖怪ダルの伝説と関係があるのではないかと私は考えています。通常の感覚では察知できないけれど、大地から漏れ来る何かが、熊野を特別の場所としているのではないかということです。

修験道とは、土着の山岳信仰に、神道や密教的な仏教の文化が混じって成立したと説明されます。縄文あるいは旧石器時代からの精神文化とのかかわりも指摘されていますが、その起源も歴史もはっきりしません。修験道は文献が少ないこともあり、もうろうとして難解ですが、「神社のはじまり」を考えるうえで看過できない精神文化です。

## 断層の交点に立つデルフォイの神殿

実は、大地から漏れ来る気体や液体が宗教的な歴史と明確にむすびついている事例を、古代ギリシャに見ることができます。

ヨーロッパには火山や地震が少ないという印象がありますが、地中海でアフリカプレートがユーラシアプレートにもぐり込んでいるため、ギリシャ、イタリアは火山が多く、いくつもの活断層が走っています。地質学的な条件において、日本列島とよく似ていますが、古代ギリシャが日本と同じく、多神教の世界だったのも興味深い共通点です。

古代ギリシャの時代、人びとは戦争や政治上の問題だけでなく、商業上の懸案や個人的な悩み事の解決策を知りたいときにも、パルナッソス山のふもとにあるデルフォイの神殿に向かいました。神殿には岩肌をむき出しにした床のない空間があり、巫女《みこ》は岩の割れ目から漏れ来る不思議な水と気体によって神憑《かみがか》りとなり、その口から神の言葉が伝えられたといいます。

プリニウス、ストラボンをはじめ古代ギリシャの名だたる学者が記録しているそうですが、二〇世紀初頭、フランスの地質学者の調査によって、湧水、ガスは確認されず、それ以降、デルフォイの神託は架空の伝説と見なされていました。

ところが、一九八〇年代以降、地震の発生原因を探るための地質学的な調査をきっかけとして、デルフォイの神殿の真下でふたつの断層が交差していることが明らかになったのです。

さらに、神殿には特殊な排水施設があることもわかり、岩からの湧水が巫女たちの信託にかかわっているという伝説も裏付けられました。化学や医学分野の共同研究者によって、メタン、エタン、エチレンなど石油化学成分に似たガスが出ていたことも判明しました。古代ギリシャの記録にみえる甘い香りの正体はこれであり、条件によっては、トランス、催眠状態がもたらされるというのです。

一連の経過については、「デルフォイ断層」の発見者である地質学者ら四名による連名の記事がアメリカの科学雑誌に発表されました。『日経サイエンス』（二〇〇四年一月号）に転載された翻訳記事から引用します。

断層に沿った活動で摩擦が起こり、石灰岩が加熱されて石油化学成分が気化する。それが湧き水とともに断層に沿って地表に上ってきたのだ。特に断層が交差する場所では岩は隙間だらけとなり、水やガスの通り道となりやすい（『デルフォイの神託』の秘密」）。

断層から漏れ来る化学成分をふくんだ気体は、「断層ガス」とも呼ばれ、有用性や危険性という関心によって研究されています。

熊野の場合、断層ではなく、超巨大噴火によってできた亀裂が、地下から湧き出る液体や気体の通り道になっていると指摘されており、デルフォイの神殿と似た条件があります。カルデラに沿った亀裂から、ある場所では温泉が湧出し、別の場所ではガスだけが漏れているということはありうると思います。

## 恐山のイタコと火山性のガス

この原稿を書きながら思い出したのは、以前、訪れた青森県の下北《しもきた》半島にある恐《おそれ》山《ざん》の風景です。イタコとよばれる巫女がいて、「口寄せ」と称して死者の霊を招きよせることで有名です。恐山は本来、歴史ある仏教霊場で、寺院としての名称は恐山菩《ぼ》提《だい》寺《じ》です。

恐山は山の名前でもあり、活火山として気象庁の警戒監視の対象になっています。広大な境内を歩くと、硫黄が目立つ黄色い岩のあいだから噴気が漏れています。境内には木製の温泉小屋があって、入山料を払った人は自由に入ることができます。

平安時代の名僧、慈覚大師《じかくだいし》円仁《えんにん》が開いたという伝承をもち、古くは、「高野山《こうやさん》、比叡山とともに日本三大霊場の一つ」(『日本大百科全書』)とされたともいいます。一時期、衰退しますが、曹洞宗の修行場として再興されました。

恐山境内の噴気には、二酸化硫黄をはじめ人体に影響のある火山性ガスがふくまれているため、気管支に障害のある人などに対して注意が喚起されています。そうした危険性をともないながらも、火山性ガスと荒涼とした異界めいた風景が、霊場の存立《そんりつ》基盤になっています。

民間の巫女であるイタコが、火山性ガスの危険性をうまくコントロールしながら、宗教的な幻視を得るために利用していたのは確実です。イタコに死者との交流を依頼する人たちも、この特殊な環境の影響をうけることになります。古代、中世の仏教の修行者たちについても似た事情があったのだと思います。

恐山のイタコが〝営業〟しているのは夏、秋の一時期だけだそうで、私が訪れたとき、その姿は見えませんでした。イタコがその顧客に告げる言葉は、死に別れた身内や大切な人の伝言ですから、戦争や国家的な政策論争まで守備範囲としたデルフォイの神託と比較すると、きわめてプライベートなものです。しかし、ふたつのケースの地質学的背景には明らかな共通点があります。

四つのプレートが押し合う地点に位置する日本列島では、火山活動と地震は宿命づけられており、噴火や地震によってできた亀裂が無数に存在しています。そこを通って湧出する温泉は私たちの目に見えますが、地下から漏れ来る気体は空中に拡散し、そのすべてが把握されていないのは当然のことです。

めまいや奇妙な感覚、気分の悪さというだけですまない重大な事故も、ごくまれにですが起きています。

一九九七年、青森県の八甲田山《はっこうださん》の山麓で訓練中の自衛隊の隊員三人が死亡した事故が起きていますが、その原因は火山性ガスを知らないあいだに吸引したことでした。秋田県湯沢市の泥湯《どろゆ》温泉の近くでは、窪地に溜まっていたガスによって観光客四人が死亡した事故も起きています。

噴火や地震でできた亀裂、断層を通って、地中から湧き出す催眠性のガスは、私たちが知らないだけで、日本列島の少なからぬ場所に漂っている可能性があります。聖地、パワースポット、心霊スポット。そのすべてを火山性ガスや断層ガスで説明するのは無謀ですが、当てはまる事例もあるはずです。

## 『千と千尋の神隠し』と道後温泉

宮崎駿監督によるアニメ映画『千と千尋の神隠し』の舞台は、さまざまな神々が来訪する「油屋《あぶらや》」という巨大浴場です。日本の神々の世界は、温泉の歴史と文化に深くかかわっています。それを世界に知らしめたのがこの作品でした。

アニメのなかの巨大浴場はもちろん架空の施設ですが、そのモデルではないかと評判になった温泉施設がいくつかあります。そのひとつが愛媛県松山《まつやま》市の道後《どうご》温泉本館です。

和洋折衷、木造三階建て。明治時代の建物は、重厚さと俗っぽさが混じり合っており、たしかにあのアニメ映画の舞台とよく似ています。現在は市営の公衆浴場で、一階は「神の湯」という名の大衆浴場、二階はやや高い料金の「霊《たま》の湯」です。この名称も『千と千尋の神隠し』のモデルとささやかれる理由ですが、この映画が誕生する以前から、この温泉は神々の伝説と関係の深い温泉でした。

道後温泉本館のすぐ近くに、湯《ゆ》神社が鎮座しています。祭神はオオナムチ（オオクニヌシの別名）とその盟友であるスクナヒコナ。

オオクニヌシが「温泉の神」であることはよく知られていますが、道後温泉の湯神社に特段の知名度があるのは、「伊予国風土記」の逸文《いつぶん》（断片的記録）に、以下のような記述があるからです。

気を失っていたオオクニヌシを助けるため、スクナヒコナはトンネルを通して、大分県の別府《べっぷ》温泉の湯を運び、湯浴みをさせたところ、オオクニヌシはよみがえった。「しばらくの間、寝たことよ」と言い、オオクニヌシが雄叫《おたけ》びして踏みつけた跡が今も温泉のなかの岩に残っている——という内容が書かれています。原文は主語がわかりづらい漢文スタイルの文章なので、オオクニヌシとスクナヒコナの役を反対にした話も出回っています。

先に取り上げた神武天皇の逸話と同じく、ここではオオクニヌシが失神しています。これも注目すべき共通点です。

温泉神社、湯前《ゆぜん》神社、湯神社。名称はさまざまですが、全国各地の温泉地には、オオクニヌシとスクナヒコナを祀る温泉ゆかりの神社が鎮座しています。各地の温泉地では、この二神がその土地の温泉の発見者であると信じられているからです。

オオクニヌシが「温泉の神」である根拠は、本拠地である出雲が、玉造温泉をはじめ自然湧出する豊富な湯に恵まれていることにあると思います。各地の温泉とオオクニヌシとの深い関係は、この神が日本列島の大地の歴史と強くむすびついた神であることを示しています。

## 諏訪大社の温泉信仰

ところで、温泉と信仰がむすびつくのは日本列島に限ったことではありません。フランスには欧州では最も歴史ある温泉保養地エクスレバンがあります。当地の温泉は、「先住民のケルト人によって発見され、『癒やしの神』として崇め守られてきた」(『温泉の百科事典』丸善出版)といいます。ケルト人の温泉の神は、ボルヴォ(Borvo)という名で知られています。「泡立つ水」という意味です。

日本にはあまりにも温泉が多く、かえって信仰との関係が見えにくくなっていますが、出雲と熊野では、温泉と「神」が明らかにむすびついています。そしてもうひとつ、東日本を中心として巨大な信仰圏をもつ諏訪大社でも、温泉と信仰の濃密な関係が見えます。

諏訪大社とは、諏訪湖をはさんで南北に鎮座する四つの神社の総称です。諏訪湖の南側に上社本宮《かみしやほんみや》（諏訪市）、上社前宮《まえみや》（茅野《ちの》市）、北側に下社春宮《しもしやはるみや》と下社秋宮《あきみや》（いずれも下諏訪町《しもすわちょう》）があります。

歴史的には、上社、下社は別の神社とされています。上社を支配していた諏訪氏（神《みわ／じん》氏）は武士としても台頭、浮き沈みはあるものの、江戸時代まで領主としての家系をつないでいます。明治以降、上社と下社はひとまとめにされ、現在に至っています。

今回、諏訪地方で取材をしているとき、家庭に引かれている天然温泉の普及率が、大分県別府市、静岡県熱海《あたみ》市に匹敵するという話を聞き、それほどの温泉地なのかと驚きました。諏訪市役所、下諏訪町役場の水道事業の部署では、各家庭や施設に温泉を配給しているというのです。

関係する自治体に問い合わせたところ、市や町ごとに集計方法が違うので単純比較はできないのですが、温泉普及率の話は、あらかた間違いなさそうです。無尽蔵ともいえる湯量が、諏訪地方でのぜいたくな温泉利用につながっています。

豊富な湯量のわりに、諏訪地方には温泉観光地としての印象は希薄です。諏訪大社の門前の宗教都市という性格により、世俗的なサービス業が抑制され、昭和の高度成長期に別府や熱海のような巨大な歓楽街ができなかったのが一因だと思います。

諏訪地方はセイコーエプソンをはじめ、精密機械産業の集積地であり、その前史においては製糸業の世界的産地でした。観光業よりも製造業に資本や人材が集中したという地域経済の事情もあります。

諏訪大社の四社のうち、観光客がいちばん目立つのは下社秋宮です。「下」で「秋」だから、いちばん寂しそうな社名ですが、その反対のにぎわいを見せています。

神社境内とほぼ隣接して、「綿《わた》の湯」という江戸時代（それ以前からという説もある）から近年まで営業していた共同浴場がありました。現在は石碑によってその所在地を知るしかありませんが、源泉からお湯は出続けているので、別の共同浴場に供給されています。「綿の湯」をめぐっては、こんな伝説があります。

諏訪大社の祭神タケミナカタはヤサカトメという女神を妃《きさき》にしていた。ふたりの神は諏訪湖の南岸にある諏訪大社の上社で暮らしていたが、ある日、ヤサカトメは下社に行くとき、化粧用に愛用していた温泉の湯を綿にひたして「湯玉」として持参した。下社に到着して、その綿を置いた場所から温泉が湧き出るようになった。それが「綿の湯温泉」のはじまりである――という話です。

たわいもない伝説のようですが、諏訪大社と温泉がむすびついている貴重な情報です。

下社秋宮の鳥居をくぐり、豪壮な御柱と木彫りの龍で有名な拝殿にむかう途中、龍の首のかたちの手水《ちょうず》があり、すこし熱すぎるくらいの湯が流れ続けています。温泉で手を清めるという、なんともありがたい趣向です。この神社では、綿の湯の源泉からお湯をくんで奉納する神事も受けつがれています。

諏訪大社下社の門前町は、江戸時代の主要幹線であった中山道《なかせんどう》の宿場町でした。今も温泉旅館だけでなく、いくつもの共同浴場があり、門前町の風景を特色あるものにしています。

記録のうえで最も古い共同浴場は、下社秋宮の鳥居から三〇〇メートルほどのところにある「旦過《たんが》の湯」です。現存する禅宗の寺院、慈雲寺《じうんじ》が開かれた鎌倉時代には、自噴する温泉があり、修行僧《ジモセン》らが使っていたという記録があります。

温泉マニアのあいだで地元専用と羨望される、地元組合員だけが利用できる共同浴場もあるそうです。湯量豊富な諏訪地方ならではの、独自の温泉文化です。

## 自噴する温泉と湖底の縄文遺跡

この本を書くための取材で諏訪大社下社秋宮を参拝したあと、諏訪湖の湖岸の遊歩道を歩いて、上諏訪《かみすわ》駅に向かいました。その途中に、湧出する温泉の湯が噴き上がる「間欠泉《かんけつせん》」があります。間欠泉とは、一定の間隔をおいて勢いよく噴き上がる温泉のこと。天然のお湯による噴水です。

昭和時代の最盛期には五〇メートルの高さまでお湯を噴き上げ、日本一の間欠泉といわれていました。近年、勢いは衰えていますが、諏訪湖のほとりで、一〇メートル近い高さまでお湯が噴き上がる光景は、諏訪の大地が有り余るエネルギーを誇示しているかのようです。

間欠泉のある場所には諏訪市が運営する観光施設があり、その建物のそばに、「曽《そ》根《ね》遺跡」の所在地であることを示すパネルが立てられています。曽根遺跡とは、諏訪湖の湖畔から沖合三〇〇メートルのところにある湖底の遺跡です。旧石器時代から縄文時代のはじめにかけての遺跡で、おびただしい数の石鏃《せきぞく》をはじめとする石器の出土によって知られています。

諏訪市博物館の学芸員に教えてもらった話ですが、石鏃などの小さな石器があまりにも膨大に採取できたので、戦後しばらくの間、諏訪観光のお土産として、ひと袋いくらという具合に販売されていたといいます。

諏訪湖間欠泉

諏訪温泉の多くは冷まさなければ入浴できない高温の温泉ですが、間欠泉のある場所は湖の岸辺なので、温度調整には最適です。出雲の玉造温泉、熊野の川湯温泉が、川と一体となった温泉であるのとちょうど同じ条件です。

縄文人が温泉を楽しんだという考古学的な証拠はありませんが、集落の近くで自然湧出する温泉に気がつかないはずはありません。むしろ、豊かな温泉のある地域に、縄文人の集落が形成されたと考えるほうが自然だと思います。

諏訪湖の湖底からはメタンガスをふくむ天然ガスが発生しており、明治時代から家庭用のガスとして利用されていました。安定供給に問題があり、近年、商業利用は中断しています。

諏訪湖が全面凍結したときも、ところどころに氷の薄い危険なスポットができるのは、温泉やガスが原因になっているそうです。当地の天然ガスは、デルフォイの神殿と違って、神社の鎮座地の地下から漏れているわけではありませんが、諏訪という聖地の起源を考えるとき、気になる情報のひとつです。

諏訪湖の曽根遺跡は明治時代に遺跡が発見されて以来、日本で最も有名な「謎の古代遺跡」でした。どうして、諏訪湖の湖底に石器時代の遺跡があるのかという謎をめぐって、学界のみならず、新聞、雑誌をまきこんだ大論争がつづいたのです。

ムーミン家族の水浴び小屋（橋によって陸とつながる水上家屋）めいた復元案まで示されていたのですが、諏訪湖の面積の増減が原因であったという話に落ち着きました。主要な原因は気候変動にありました。

氷期だった旧石器時代は、朝鮮半島と日本列島のあいだの海峡がとても狭くなって、南方からの暖流が日本海に流れ込まなくなっていました。そのせいもあり、雨、雪が少ない乾燥した気候が続いていたのです。諏訪湖に流入する水の量も減り、湖の面積が縮小、湖畔の陸地が増えるということが起きていたようです。そうした時期の陸地で営まれた暮らしの痕跡が「曽根遺跡」です。

## 縄文人は温泉を楽しんだか？

諏訪湖のサイズが変動しているという説を最初に提示したのは、諏訪市出身の考古学者、藤森栄一《ふじもりえいいち》氏（一九一一～一九七三年）です。縄文時代からの「道」の歴史を探った『古道』『かもしかみち』をはじめとする考古学的なエッセイで、一般読者にも知られた存在でした。

『縄文の世界』という本で藤森氏は、上諏訪駅近くの縄文遺跡について、縄文人が温泉を利用した可能性を検討しています。

藤森氏たちによる調査は、温泉についての数少ない考古学的な研究であり、温泉の歴史をまとめた近年の本や論文でも紹介されています。逆に言えば、現役の考古学者で、温泉の歴史を研究している人が少ないということです。

現在の日本は、行政や研究機関による考古学的な調査のシステムが確立しており、世界でも有数のレベルで詳細な考古学データが積み上がっています。私たちは知りたいと思う地域の過去を、かなりの精度で知ることができます。

ただ、考古学にも苦手な分野があって、温泉の歴史はそのひとつです。縄文人が自然湧出する温泉を楽しんでいたとしても、その痕跡は残らないからです。

神の代の　姿に似たり　凍りたる　湖の底より　湯を掘る村人

島木赤彦《しまぎあかひこ》（一八七六〜一九二六年）は、諏訪湖の水底から湧出する温泉を利用しようとしている地元民の姿に、太古から続く営みを感じています。

島木赤彦はアララギ派に隆盛をもたらした短歌史上の著名人ですが、上諏訪村（現諏訪市）の出身で、東京に出るまえ、地元で教師をしていました。諏訪湖の遊歩道にそって記念館が建てられています。

出雲、熊野、諏訪をはじめ日本列島の各地で、温泉が自然湧出して、古代から天然の露天風呂ができていました。縄文時代の人びとがその心地よさ、効能に気がつかなかったと考えるほうが不自然です。日本人のお風呂好き、清潔志向は、古代から温泉を利用した歴史に由来するともいわれています。

縄文時代が始まるまでの旧石器時代は、気候の時代区分のうえでは十万年ほど続いた寒冷な時代（氷期）の一部です。現在の東京が北海道くらいの気温だったようです。

旧石器時代の人びとにとって寒冷な気候がより過酷だったのは、住居、衣服など、防寒のための技術が乏しかったからです。

氷期の寒さのなか、温泉は体を温める風呂としてばかりでなく、一種の暖房装置として重宝された光景も思い浮かびます。自噴する温泉のまわりは、湯けむりが立ちこめ、サウナのような暖かさになるものです。

氷期の寒さのなか、温泉を発見し、そこに身をひたした旧石器人の心のなかには、どのような感情がわきあがったでしょうか。思いもよらぬ大地の恵みに、大きな感謝の念をもったと思います。もし、そのときすでに、「カミ」の概念と言葉ができていたとしたら、「神さま、ありがとう！」と叫んだかもしれません。

## 伊豆国の神社の異様な多さ

さらにもう一か所、火山列島の信仰を考えるとき、忘れることができないのは伊豆地方です。火山エリアである伊豆地方は全国のなかで特異点といっていいほど、歴史のある神社が密集しているからです。平安時代につくられた「延喜式」の神名帳によって、その事実を確認することができます。

「延喜式」の神名帳は、神社の数をまとめた最も古い統計資料です。すべての国ごとに神社名が列挙されています。その合計は全国で二千八百六十一か所の神社、祭神の数は三千百三十二座です。

「延喜式」は現代でいえば、政府が作成する公文書です。したがって、神名帳のリストはすべての神社を載せているのではなく、公的な出費の対象となっている主だった神社（官社）だけです。古代の「国」の領域は、現代の「県」と同じか、その半分くらいということが多いので、神名帳は「格式ある神社の数　県別ランキング」のような記録としても読むことができます。

古都である大和国（奈良県）の二百八十六座が最も多く、皇室とのかかわりの深い伊勢国（三重県の大半）の二百五十三座がそれに次ぎますが、出雲国の百八十七座が三位ということも宗教的な歴史の深さをうかがわせます。

このベスト3は日本史の常識に沿うものですが、「延喜式」神名帳に記録されている神社（いわゆる式内社《しきないしゃ》）の国別の数をみて、私たちを最も驚かせるのは、伊豆国の式内社の異様な多さです。

周辺の国をみると、駿河国《するがのくに》（静岡県東部）が二十二座、相模国《さがみのくに》（神奈川県の大半）が十三座、武蔵国が四十四座です。伊豆国は静岡県の伊豆半島と東京都に入っている伊豆諸島ですから、人口でいっても面積でみても、ほかの国より明らかに小さな国ですが、神名帳記載の神社は九十二座にものぼります。

鎌倉幕府の初期の支配圏であった静岡県、長野県より東を、古代の東日本だとすれば、伊豆国は第二位です。一位の陸奥国《むつのくに》は百座ですが、それは福島、宮城、岩手、青森の四県と秋田県の一部の合計です。それを割り引くと、伊豆国は東日本で最も式内社の集中しているところだといえそうです。

なぜ、古代の伊豆国にはこれほど式内社と呼ばれる「延喜式」記載の神社が多いのか――という疑問はかねてより示されていました。

奈良時代から平安時代にかけて、神津島《こうづしま》、新島《にいじま》が噴火したほか、伊豆半島での火山活動も記録されています。荒ぶる火山の鎮静を祈る祭祀が、神社の創建を促し、朝廷もそれを支援したので、十世紀にできあがった「延喜式」に反映されているという説があります。

活動的な火山が、伊豆地方の神社の異様なほどの多さに関係しているのは間違いないと思います。ただ、この説だけでは、伊豆地方の式内社の異様な多さを十分に説明することはできません。

奈良から平安の時代は、九州でも火山活動が活発で、霧島、鶴見岳《つるみだけ》（別府温泉の熱源）、鹿児島湾の海底火山での噴火が記録されています。しかし、大分、熊本、宮崎、鹿児島各県の式内社は一桁にすぎないからです。

## 国つ神の代表としてのコトシロヌシ

「延喜式」に記録されている伊豆国の神社九十二座の代表格が、伊豆半島のつけ根、静岡県三島《みしま》市に鎮座する三嶋大社《みしまたいしゃ》です。伊豆国一の宮と称され、主祭神の一柱としてコトシロヌシが祀られています。この神はオオクニヌシの長男格ということもあって、伊豆と出雲の関係についてもさまざまに議論されています。

コトシロヌシが伊豆国の生え抜きの神であるのか、出雲あるいは奈良から移された神であるのかについてははっきりしません。ただ、伊豆国に式内社が異様に多いことと、コトシロヌシが伊豆地方に君臨していることは関係があると思います。

式内社のランキングで、古都である大和国に次ぐ第二位の伊勢国にアマテラス、第三位の出雲国にオオクニヌシが君臨することを踏まえれば、東日本で実質ナンバー1の伊豆国にオオクニヌシの長男コトシロヌシがいるのは整合性のある光景です。

「古事記」「日本書紀」に掲載されている神々の親子、夫婦、兄弟関係をしるす資料には二種類あります。

ひとつは、親子、夫婦の関係性について、神名を羅列して示す系図的な記述です。

もうひとつは、物語のなかでの提示です。国譲り神話とともに紹介されているオオ

三嶋大社

クニヌシと諏訪の神タケミナカタの親子関係は「国譲り」の物語のなかだけで示されていますが、コトシロヌシは、物語と系譜の双方でオオクニヌシとの親子関係が記されています。

　コトシロヌシはエビス様と同一視され、漁業の神、商業の神として一般大衆に信仰されているだけでなく、皇居の八神殿《はっしんでん》（明治五年「神殿」と改称）に天皇を守護するほかの七神とともに祀られています。オオクニヌシの子である出雲系のコトシロヌシが、天皇の生活空間で祀られているのは一見、奇妙ですが、そうとばかりは言えない情報もあります。

「日本書紀」に記されている天皇家の系譜によると、コトシロヌシという名前の人物

（神？）が、初代天皇である神武天皇の岳父《がくふ》（皇后の父）として出ており、二代綏靖《すいぜい》天皇の祖父に位置づけられています。この人はコトシロヌシの神と同一なのか。それとも、まったく別の存在なのか。コトシロヌシを信仰する出雲系の人物ということなのか。これまた諸説あってはっきりしません。

「古事記」の物語のうえでは、諏訪の神タケミナカタが戦いに負けて、国土の譲渡を認めたことで、オオクニヌシは「国譲り」を最終決断することになります。オオクニヌシの言葉を、『新編日本古典文学全集　古事記』の現代語訳で見てみましょう。

「私の子ども二柱の神が申すことに従い、私は背きません。この葦原中国《あしはらのなかつくに》は、仰せのままにすっかり献上いたしましょう。（中略）私の子たちである大勢の神は、八重事代主神《やえことしろぬしのかみ》が、諸神の先頭に立ち、また後尾に立ってお仕えするならば、背く神はありますまい」

八重事代主神とは、コトシロヌシの別表記です。オオクニヌシは土着系の神々（国つ神）のリーダーとして、長男であるコトシロヌシを任命しているのです。

## 火山島の神話

　出雲でコトシロヌシ信仰の中心になっているのは美保《みほ》神社の鎮座する松江市美保関町《みほのせきちょう》です。島根半島の東端にある港町で、古代より海上交通の要衝でした。美保神社の境内は玉作り遺跡としても知られています。「出雲国風土記」の美保の郷《さと》のくだりには、「高志《こし》の国に坐《いま》す神」である奴奈宜波比売《ぬなかわひめ》の子の御穂須々美《みほすすみ》という女神を祀っていることにより、美保の地名が生じたとしるされています。海上交通によって、糸魚川の翡翠産地とむすびついていたのは間違いないようです。

　ここまでは出雲神話の続きであり、ヌナカワヒメとの関連もふくめて学術的にも認められていることです。それを踏まえて注目したいのは、伊豆半島および伊豆諸島がコトシロヌシ信仰のもうひとつの中心となっていることです。

　伊豆国の三嶋大社は江戸時代から、コトシロヌシを主祭神としており、コトシロヌシ信仰の一大拠点になっています。現在はそれ以前に祀っていた大山祇神《おおやまつみのかみ》をあわせて二神を主祭神としています。

　三嶋大社のミシマとは「御島」のことであり、本来は伊豆諸島の火山信仰が源流にあるという説もあります。

中世の文献ですが、三嶋大社の由来にかかわる「三宅記《みやけき》」という縁起書がありま す。そこに書かれているのは「国づくり神話」ならぬ、「島づくり神話」です。三宅とは、近年も噴火をくりかえしている三宅島《みやけじま》のことであるとともに、「御焼《みや》け」、すなわち火山活動によって伊豆の島々が誕生することを示しています。

中世の縁起書の定番どおり、三嶋大明神も天竺《てんじく》（インド）生まれですが、日本に来たものの、住む場所がなかったので、富士山の神の協力をえて、「島焼き」によって、伊豆大島、神津島、三宅島など伊豆諸島の火山島を次々につくりだしたという物語です。三嶋大社は伊豆半島のつけ根にありますが、最初の鎮座地は半島の先端部の下田《しもだ》市にあり、伊豆諸島を直接、拝せる場所であったともいわれています。

コトシロヌシは三嶋大明神と同一視されることにより、火山神としての性格を帯びています。

三嶋大社は、新幹線の駅でもある三島駅から歩いて十数分でいける市街地の神社です。神社の周辺には、江戸時代に富士山が大噴火したときの溶岩のあとが残されており、地質学的な見学スポットにもなっています。三嶋大社の本来の姿が火山神であることと関係があるのかもしれません。

三嶋大社は、律令時代の伊豆国の国府の近くにあった神社の歴史を継承しています。そのせいもあってか社殿は立派ですが、いかにも公的な神社というたたずまいがあり、「国つ神」系の神社としては控えめな印象です。あるいは、コトシロヌシの温厚な性格を反映しているのでしょうか。

コトシロヌシが三嶋大社の主祭神となったのは、江戸時代の国学者《こくがくしゃ》、平田篤胤《ひらたあつたね》の主張とされていますが、根拠になっているのは「二十二社本録《にじゅうにしゃほんろく》」という中世の文献です。

「古事記」にはしるされていませんが、コトシロヌシは国譲りによって出雲の土地を失ったので、当地に移住し、伊豆半島と伊豆諸島を開発した――という内容の伝説があります。「古事記」では、国譲りのときの戦いに負けたタケミナカタが諏訪に逃げたとされているので、そこからの連想なのだと思いますが、ネット上をふくめて思いのほか広がっています。

## 伊豆の走り湯

三宅島、伊豆大島など伊豆諸島からつづく火山のラインは、伊豆半島を経て、箱根、富士山、八ヶ岳に至ります。九州南部と並んで、日本列島のなかでも活火山が多いエリアです。

8ページの地図を見ていただければ一目瞭然ですが、フィリピン海プレートが、北アメリカプレート、ユーラシアプレートと接し、三つのプレートがせめぎ合っている場所がまさに伊豆半島です。世界全体で見ても、そこはプレート運動における特異点であり、本稿のテーマのうえでは、「式内社」と呼ばれる古い神社の密集地であるのです。

伊豆半島にも伊豆東部火山群（海底火山をふくむ）という活火山の集積があり、気象庁の警戒対象になっていますが、近現代に大きな噴火は起きていません。それもあって、伊豆半島は火山よりも、温泉地帯としての印象が強いと思います。

伊豆半島のつけ根にある熱海温泉をはじめとして、修善寺《しゅぜんじ》温泉、下田温泉など有名な温泉地が点在しています。伊豆は温泉と神々の世界がつながる代表的な土地のひとつです。

JR熱海駅からバスで十分くらいの海沿いに、伊豆山《いずさん》温泉街があり、その近くに伊豆山神社が鎮座しています。神社から階段を下った海岸近くに、走湯《はしりゆ》神社が祀られています。

走湯温泉は、ほかの温泉地ではほとんど見ない「横穴式源泉」です。海辺に切り立つ溶岩で覆われた崖に、トンネル状の横穴が掘られています。

横穴に入ると、そのなかには岩をくり抜いた風呂のようなくぼみがあり、そこからお湯がボコボコという音をたてながら湧き出ている光景を見ることができます。横穴の内部は熱気と蒸気が充満し、サウナのようになっていました。

走湯温泉湧出口

明治時代の写真を見ると、大量の湯が海のなかに流れ込んでいますが、戦後の乱掘《らんくつ》の影響もあり、今は源泉からの湧出を見学できるだけです。

源泉温度は七〇度。熱海、すなわち熱い海という地名が示すとおり、高温の温泉が海に流れ込み、ちょうど良い温度になっていたのでしょう。それがこの温泉地のはじまりであるのは確実ですが、それがいつの時代なのかを証明するすべは今のところなさそうです。

伝承では、修験道の開祖である役小角《えんのおづぬ》（役行者《えんのぎょうじゃ》）がこの温泉の発見者ということになっています。朝廷編纂の歴史書「続日本紀《しょくにほんぎ》」の文武《もんむ》天皇三年（六九九年）のくだりに、役小角は人びとを惑わす言動が多かったので、伊豆大島に流されたという記述があります。半ば伝説上の人物なのでよくわかりませんが、伊豆地方とはなにがしかのつながりがあったようです。

先述した熊野のほか、伊豆、東北の出羽三山《でわさんざん》、九州の霧島山、北陸の白山《はくさん》。修験者が拠点とした土地の多くは温泉地です。修験道の歴史は、火山列島の信仰と明らかにむすびついています。

崖の裂け目から温泉が湧出し、海に流れ込む走り場の風景に、人びとは神の存在する空気を感じ、神社として祀っていたのだと思います。

熊野、出雲に「川の温泉」があり、諏訪地方に「湖の温泉」があります。それと同じように、伊豆には「海の温泉」があるということです。熱海という地名がその歴史をまっすぐに表現しています。

走り湯の近くにある伊豆山神社は、源頼朝《みなもとのよりとも》とその妻である北条政子《ほうじようまさこ》にゆかりの地でもあります。テレビドラマや小説では、平氏政権の全盛期、伊豆の流人であった頼朝は政子と結婚の約束をしたものの、地元の平氏勢力がそれを許さず、ふたりは伊豆山神社に駆け込むという話になっています。

頼朝と政子の話は現在、史実としては認められていませんが、ふたりの子どもである三代将軍実朝《さねとも》は、実際に「走り湯」を訪れています。すぐれた歌人であった実朝は、その風景に「神」を見ました。

伊豆の国　山の南に　出《い》づる湯の　速きは神の　験《しるし》なりけり

現在とは違って、鎌倉時代には、ものすごい量のお湯が山の崖から勢いよく海に流れ込んでいたのです。その勢い、速度こそ神のしるし。「走り湯」は神の行為であるというのです。大地のエネルギーと神の存在が、ほとんど同一視されています。

第一章で申し上げたとおり、出雲でも温泉が無視しがたい宗教的権威を帯びています。出雲、熊野、諏訪。そしてこの章の最後でとりあげた伊豆。こうした聖地に共通して見えている背景は古代からの温泉なのです。

このデータを踏まえて次の章では、諏訪大社を特徴づけるもうひとつの大地の条件を検討することになります。それは日本列島を縦横に貫く巨大な活断層です。

# 第四章　交差する巨大断層——諏訪から伊勢、奈良へ

## 古事記神話で最大のバトル

この章のプランは、断層活動によってできた「道」をとおして、諏訪大社をはじめとする古社の起源を探ることです。手がかりは黒曜石です。

黒曜石は溶岩が急冷して形成されたガラス質の石ですから、火山列島である日本は、世界でもきわだって黒曜石の多いところです。確認された産地は二百か所以上ありますが、すべての場所で、日常的に石器素材として利用されていたわけではありません。

広い流通圏をもつ黒曜石産地は五か所にまとめることができます。北海道の十勝《とかち》地方、長野県の諏訪地方、神津島から伊豆半島におよぶ伊豆地方、島根県の隠岐の島町、佐賀県の腰岳《こしだけ》と大分県の姫島《ひめしま》に代表される九州北部です。北海道の産地をのぞけば、諏訪地方が国内最大の黒曜石産地です。

諏訪大社をめぐるもうひとつの論点は、中央構造線と糸魚川静岡構造線が諏訪盆地で交差していることです。ふたつの構造線は日本列島で最大級の活断層帯ともいわれます。

活断層と黒曜石。ひとつは地震の原因であり、もうひとつは火山の産物です。このふたつを併せて検討する必要があるのは、はるか太古からの断層の活動は天然の道をつくりだし、そこを人びとが行き交い、黒曜石や翡翠などの希少鉱物が流通しているからです。そうした太古からの物流の歴史は、諏訪大社のはじまりとどのように関係しているのか――。それがこの章のポイントです。

諏訪大社が出雲大社に匹敵する歴史をもつのではないかと言われる理由のひとつは、「古事記」の国譲り神話に、その起源らしきものが書かれているからです。これに対し、熊野、八幡、稲荷などほかの古い神社の創始について、「古事記」のなかに起源にかかわる神話や伝説は見あたりません。

前述したように、古事記神話のなかでオオクニヌシは多くの女性に愛され、八百万の神々のなかで最もモテモテのキャラクターです。ところが、肝心の政治や軍事の方面での活躍はほとんど記されておらず、国譲りの場面でも責任放棄のような態度です。

アマテラスの使者のタケミカヅチに、国を譲るのか譲らないのかと凄まれると、「私の口からはお答えしかねるのです。息子に聞いてください」と丸投げしてしまいます。長男のコトシロヌシは淡々と国譲りを承認します。もうひとりの息子タケミナカタは、

「俺たちの国でこそこそと良からぬ話をしているのは誰だ。力くらべをしようではないか」

と巨大な岩をかついで勇ましく登場、ここに高天原の代表の神と出雲の代表の神による世紀の一戦が実現します。

「天つ神」のタケミカヅチと「国つ神」のタケミナカタ。どちらの神名にもタケがついているので、同じ苗字めいて紛らわしいですが、これは日本武尊（ヤマトタケルノミコト）のタケと同じく、「武」の意味です。猛々《たけだけ》しいという言葉にも通じます。タケの神とタケの神の戦い。それは日本を代表する軍神どうしの決闘でした。

しかし、出雲代表タケミナカタの攻撃はまったく通用せず、アマテラスの使者タケミカヅチに簡単に投げ飛ばされ、ほうほうの体《てい》で逃げてしまいます。信濃国《しなののくに》の諏訪湖にまで追い詰められ、殺されそうになったとき、タケミナカタは、

「この場所のほかに、どこへも行きませんから、どうか殺さないでください。わが父オオクニヌシの決定に従い、国は献上いたしましょう」

と言ってようやく許されたという話になっています。

タケミナカタは諏訪大社の主祭神ですから、国譲り神話は諏訪大社のはじまりの物語としても解釈されています。

「古事記」の文面を読むかぎり、タケミナカタは降伏の条件として、諏訪における永遠の謹慎生活を受け入れています。しかし、現実の歴史においてタケミナカタが、霊的な〝行動の自由〟を制約された形跡は見えず、その神霊は各地に勧請され、全国に諏訪神社ができています。「どこへも行きません」という神と神の約束は、どうなってしまったのだ⁉　そんな率直な疑問も、かねてより提示されています。

諏訪大社の分社の数は五千社、合祀や境内社などをふくめると全国に一万社の諏訪神社があるともいわれ、とくに隆盛している神社のひとつです（『神社辞典』東京堂出版）。

## 諏訪信仰が縄文にさかのぼるのは常識？

諏訪大社については案外、古い文献がなく、持統天皇の治世に、信濃国の諏訪の神を祭らせたことが「日本書紀」に出ているくらいです。奈良の平城京の完成よりわずかに古い、七世紀終わりごろについての記録です。平安時代の「延喜式」には、「南方刀美神社《みなかたとみのかみのやしろ》」と記録されています。

国譲り神話にかかわる「古事記」の記述をのぞけば、とりたてて古い記録があるとはいえませんが、「最古の神社はどこだ?」という話題が出ると、諏訪大社はその最有力候補にあがります。

神社の建物や祭祀の形式が整ってくる時期は、ほかの古社と同じように、どんなに早くても古墳時代でしょう。しかし、諏訪信仰の源流ということであれば、それを縄文時代に見ることが半ば常識化しています。

神道史研究の大家である宮地直一《みやじなおかず》氏（東京帝国大学教授など歴任）は、戦前に刊行された『諏訪史』（信濃教育会諏訪部会）のなかで、早くもこのように述べています。

諏訪地方における宗教思想の起源は、遠く石器時代に分入って原始信仰の境涯に遡る。しこうして我が神道思想の源流を繹《たず》ぬるにあたっても、いきおいここにまで立入らなければならぬ。（一部、漢字を仮名に変更）

「諏訪信仰＝縄文」説をつくりあげている理由は、大きく分けると三つあります。

① 諏訪地方は、東北北部と並ぶ縄文時代の繁栄地であり、「縄文王国の首都」とも称されている。

② 御頭祭《おんとうさい》、蛙狩神事《かわずがり》、御射山《みさやま》神事など、狩猟文化の伝統にかかわる神事が残されている。

③ 諏訪の土着神という説もあるミシャグジについて、中沢新一《なかざわしんいち》氏をはじめ影響力のある研究者が「縄文の精霊」と主張している。

諏訪地方は縄文時代の遺跡が多いところですが、諏訪大社の上社前宮が鎮座する茅野市は、有名な土偶「縄文ビーナス」（国宝）の出土地でもあります。「縄文王国の首都」といわれるほどの繁栄については、北海道をのぞけば日本列島で最大の黒曜石の産地だったことを、原因のひとつとしてあげることができます。

現在、日本を代表する高原リゾート地となっている八ヶ岳、霧ヶ峰の周辺には、火山性草原が広がり、シカをはじめとする多くの草食動物が生息していました。縄文人にとって格好の狩猟場でしたが、このあたりは黒曜石の中核的な産地でもあります。恵まれた草原環境に加え、矢尻、ナイフの素材として最上質の黒曜石の産地があるのですから、狩猟社会が栄え、縄文時代の人口が集中したのは必然のことです。

その狩猟社会の伝統を継承する神事として注目されているひとつに、諏訪大社上社本宮の御頭祭があります。

神事を執行する神職の方々が角のはえたシカの首を祭場に供える場面は映像でしか見たことがないのですが、私は以前、シカの首（頭）を供えるから御頭祭というのだと思い込んでいました。しかし、「頭」とはリーダー格くらいの意味合いで、諏訪神を奉じた人たちが、県内外の関係地に赴くまえに行う大切な神事であるそうです。現在はシカの首の剥製ですましていますが、江戸時代の旅行家、菅江《すがえ》真澄《ますみ》の記録には、七十五頭のシカの生首を供えた祭祀のスケッチがみえます。

諏訪神は狩猟を好むとされています。仏教が広がり、肉食がはばかられた時代でも、諏訪神の許しを得れば、肉食の罪を免れるという民衆信仰もあり、「鹿食免《かじきめん》」というお札が配られていました。このお札は、現在も諏訪大社で販売されています。

ミシャグジについては、柳田國男が明治時代の末に発表した、民俗学研究の先駆的な著作「石神問答」以来、諏訪信仰の根源ではないかと注目されてきました。さまざまな論争がありますが、中沢新一氏の『精霊の王』（講談社／二〇〇三年刊）によって、縄文時代にルーツをもつという説が有名になりました。中沢氏はこう断言しています。

ミシャグチが縄文文化にまで根を下ろした土着的神＝精霊のかたちであり、神社信仰の形態が支配的になってからも、諏訪神社の信仰圏においては、根源的な力の源泉としてつねに一目置かれる存在でありつづけたことが、はっきりとわかるようになった。

ミシャグジ論争はそれで一件落着ということにはなりませんでした。相変わらず諸説紛々《ふんぷん》として、中世に起源をもち、江戸時代に普及した一種の流行神ではないかという説もあります。ミシャグジは諏訪地方に本源をもつということが議論の前提のようになっていましたが、どうもそれは違うのではないかということまで言われ出しており、結局、今もなおミシャグジは正体不明の神です。

## 「縄文王国の首都」と黒曜石の山

日本列島で最も美しいとされた石は翡翠で、碧玉、メノウ、琥珀がそれに次ぎます。石器素材として最も珍重されたのは黒曜石で、そのほか、サヌカイト（安山岩《あんざんがん》の一種）、頁岩、玉髄などの石器が見つかっています。

宝石の世界市場では、ダイアモンド、ルビー、サファイアなどがトップクラスで、翡翠の評価はずっと下になりますが、黒曜石は世界史のうえでも、石器素材として最高位にランクされます。横綱であるとともに、世界チャンピオン。文字通り、日本列島を代表する石器素材が黒曜石です。

黒曜石は旧石器時代からナイフや槍、矢尻の材料として利用されました。黒曜石は「火山ガラス」ともよばれるように、溶岩が急冷されてできた天然のガラスです。

現在も欧米の一部の外科医、眼科医が、手術用のメスとして使っているという話を聞きます。それを確かめようと、イギリスの医療用器具の販売サイトを見てみると、obsidian scalpel（黒曜石の刃のメス）が販売されていました。このサイトの説明によると、金属アレルギーのある人への手術、あまりにも高額なダイアモンド製のメスの代用品として使われているようです。

手術用のメスにもなる鋭利さを、黒曜石はつくりだすことができます。これはほかの石器素材では不可能です。黒曜石が特別の価値をもった石であることは、この点だけをみても明らかです。

黒曜石は神秘的な黒い輝きによって、西欧諸国では宝石に準ずる天然石（ジェムストーン）として珍重されてきました。現代の日本では、パワーストーンとして販売されています。

この石が「神」の領域にかかわるのは、有用性と美しさを兼ねたたぐいまれなる石であるからだと考えられます。根拠のひとつは、海外に黒曜石を祭祀や呪術に用いる事例があることです。一六世紀までメキシコで栄えていたアステカ文明では、呪術師が黒曜石の鏡をつかって予言をなしていたことが知られています。ヨーロッパの占いや魔術の世界にも似た話があります。

諏訪大社についていえば、祭祀で黒曜石が使用されているわけではありません。諏訪信仰と黒曜石の関係は、雑談レベルではさまざまなことが言われていますが、文章として書かれたものが意外と少ないのは、直接的な証拠がないからだと思います。

黒曜石の利用は旧石器時代と縄文時代が最盛期で、鉄器の普及とともに、弥生時代の中ごろには、ほぼ終息しました。現代からの時間的な距離は、黒曜石の方が玉作り

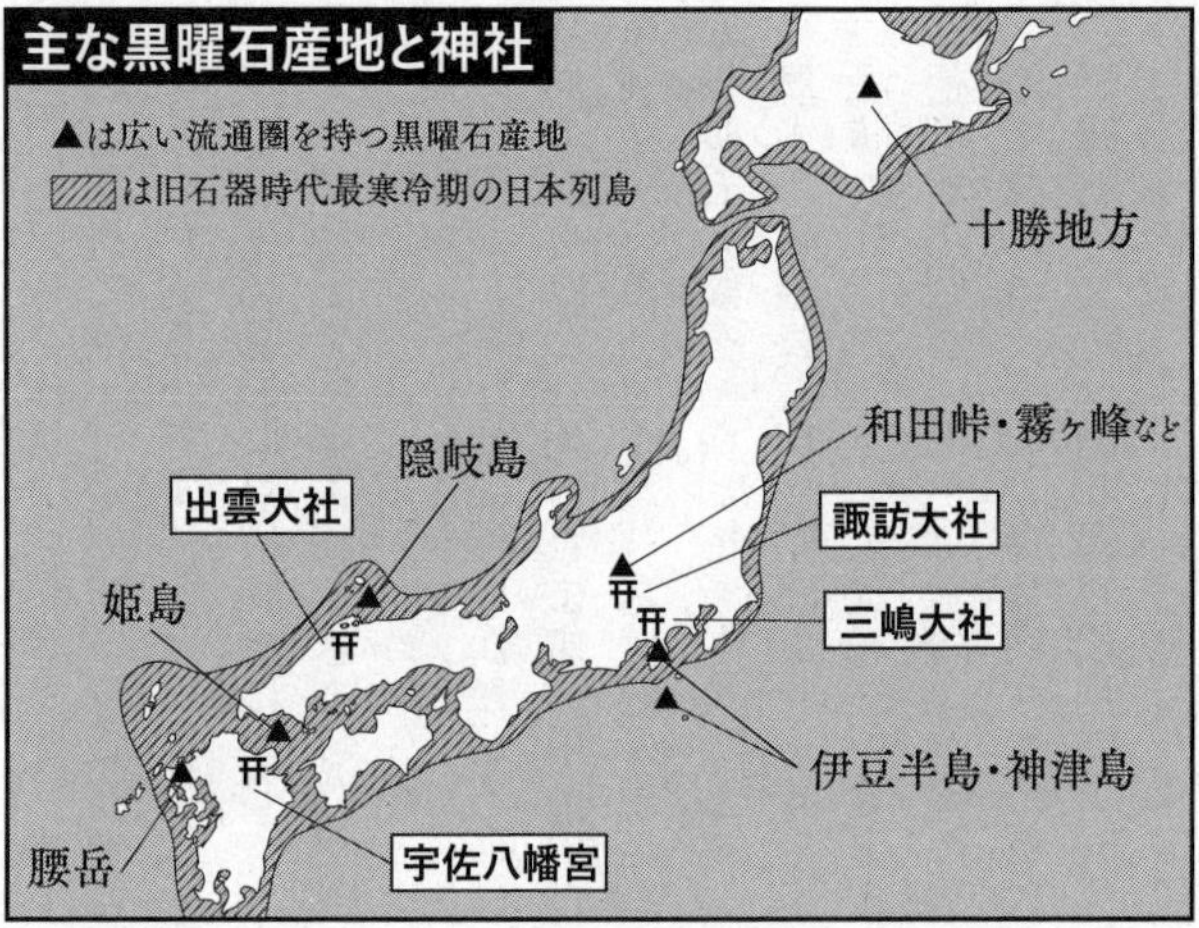


の石よりもずっと遠く、信仰とのむすびつきを見えづらくしています。

良質の黒曜石の大産地は日本列島に数えるほどしかないので、それぞれの産地を中心として、数百キロメートルの距離を広域流通していました。諏訪地方の黒曜石については、各地で出土した石器の理化学的な分析によって、関東、北陸、東海地方で、刃物や矢尻の材料につかわれていたことが判明しています。

諏訪大社の下社秋宮のある下諏訪町は、江戸時代、中山道の宿場町でした。ゆるやかな坂道になっている門前町の商店街をのぼりきり、そこから直角に左折する道にそって、江戸時代の中山道の面影を伝える町並みが残っています。

その道を二十分ほど歩くと、下社春宮ですが、そこから直線距離で九キロメートルのところが和田《わだ》峠です。中山道で江戸に向かうとき、和田宿は下諏訪宿の次の宿場町となります。和田峠の周辺から、霧ヶ峰、八ヶ岳にかけての約三〇キロメートル圏が太古の火山活動の現場で、溶岩や火砕流の跡が黒曜石の採取地になっています。

八ヶ岳は歴史時代になってからの噴火の記録がないので、火山の印象は薄いかもしれませんが、八ヶ岳連峰の横岳《よこだけ》は縄文時代に活動した痕跡があり、気象庁の指定する活火山のひとつです。火山としての八ヶ岳は、二百万年前から噴火をくりかえしている二十以上もある火山群の総称です。その活動歴のなかで黒曜石が形成されました。

黒耀石体験ミュージアム（長和町《ながわまち》）の近くの星糞峠《ほしくそとうげ》では、縄文時代の黒曜石採掘跡が一般公開されています。八十七万年前の火山噴火にともなう火砕流の跡地に大量の黒曜石が残されていました。

このミュージアムでは、学術的に復元された石器づくりの実技を教えてくれると聞き、十年以上前になりますが、私も参加したことがあります。一時間くらい、コツコツと硬い石でたたいているうちに、それなりの矢尻ができました。砥石で磨かなくても、鋭利な刃先をしており、黒曜石が天然のガラスと言われるのを実感した次第です。

星糞峠、星ケ塔《ほしがとう》、星ヶ台《ほしがだい》など、黒曜石の採取地には、「星」のつく地名が目立ちます。古代人は、夜空の星の破片が黒曜石になったと考えたからだといわれています。あるいは、ガラス質の輝きをもつ黒曜石を、星にたとえたのかもしれません。

この地の黒曜石は、三万年以上前の後期旧石器時代から石器素材としてつかわれていました。最初は川や山で拾って利用していたのでしょうが、縄文時代にはまとまった量のある場所を見つけて組織的に採掘していたことが判明しています。

日本列島の黒曜石のうち、諏訪産がとくに大きな流通圏をもっている理由については、「石器素材としての性質の良さ」「埋蔵量の多さ」「人間の生活圏に比較的近く、採取が容易だったこと」などが指摘されています。

広域流通圏の背景にあるもうひとつの条件は、自然発生した天然の「道」があったことです。その道とは、糸魚川静岡構造線（糸静《いとしず》構造線）と中央構造線と呼ばれる巨大断層にほかなりません。現代の言葉でいえば、交通の便にすぐれた立地条件だったのです。

## 古道と活断層

中央構造線と糸静構造線は、日本列島を代表する活断層帯であるといわれます。私がふたつの構造線について最初に学んだのは、昭和時代の「地学」の授業でしたが、そのとき、活断層との関係について習った記憶はありません。当時はテレビや新聞でも活断層という言葉が話題とされることはほとんどなかったはずです。

マスメディア、教育現場をふくめて、活断層への社会的な関心が高まったのは、一九九五年の阪神・淡路大震災のあとです。この巨大地震は、断層が動いたことによる「活断層型地震」だったからです。そのころ、私は読売新聞社の甲府支局（山梨県）に勤務していたのですが、県庁や市役所の現場で地域の活断層への警戒が一気に高まりました。活断層という用語をつかった記事を書いたのは、そのときがはじめてでした。

本稿のテーマは神社の歴史ですから、ここでは「活断層」「断層」「構造線」の関係だけ確認しておこうと思います。

断層とは、地面や岩盤に亀裂があり、そこにズレが生じているところです。教科書などのイラストでは、上下あるいは左右にずれた地層が描かれますが、現実の風景ではそこまではっきりとは見えません。断層といってもその長さはさまざまですが、日本列島では最大、世界でも有数のスケールをもつ断層が九州から関東に至る中央構造線です。その総延長は一〇〇〇キロメートル以上、亀裂の深さは地下一五キロメートル以上とされています。

日本列島が大陸から分離したのも、大地の巨大な裂け目、すなわち断層が拡大したからだと説明されています。

大きな断層は地殻の活動（地震）の結果であるとともに、そこに蓄積されるひずみによって、次の地震の原因にもなります。断層のうち、地球史（地質年代）のうえではごく近い時代に活動し（地震の発生）、近い将来、再び地震を起こすおそれのあるものを活断層といっています。

火山を活火山とそうでない火山（近年はあまりつかわれないが、いわゆる休火山、死火山）に二分しているのと同じように、断層を活断層とそうでない断層に分けているのです。

活断層の定義は基準とする年代の決め方をめぐって、複数の意見があって混乱していますが、防災工学のうえでは最近まで、十二万五千年前から現代までの期間に断層が動いたかどうか（地震が起きたかどうか）が一応の目安とされてきました。活火山の判定基準と同様、行政の都合による、便宜的な整理にすぎないということです。

活断層といっても、常に動いているわけではありません。何百年、何千年かに一度という間隔で、上下あるいは左右方向に何メートルかのズレが生じるというものですから、生物の活動とは次元の異なるものです。長くても百年そこらの寿命しかもたない人間が、火山や活断層の生き死にを判定すること自体がおこがましい話かもしれません。

中央構造線と呼ばれることになる巨大な亀裂が発生したのは白亜紀《はくあき》（一億四千五百万年前～六千六百万年前）と推定されているので、まだ恐竜の時代であり、日本列島のモトになる土地が大陸の一部だったころです。

構造線は、断層のなかでも全長が百キロ、千キロ単位の巨大な断層に対して使われる呼称です。中央構造線をはじめ日常の日本語に定着している構造線は、異なる性質の岩盤が接合している境界線でもあります（中央構造線は領家変成帯《りょうけへんせいたい》と三波川《さんばがわ》変成帯の境界線）。

断層が動き、地震が起きると、断層の亀裂を境界線として、片方は持ち上がり、片方はずり下がるという動きが生じることがあります。一回の地震で生じる上下のズレが数メートルであったとしても、それが何千万年、何億年もくりかえされるうちに、片方は山地となり、もう片方は細長い谷間となります。

大地の亀裂である断層は地震が起きるたびに、圧力や摩擦で次第に岩がもろくなります。長い時間の経過とともに、大地はえぐられ、谷筋や川ができあがります。その谷筋に沿って、人びとは移動をくりかえしたので、そこは道となりました。断層が道にされたのは、最短距離（直線）であるうえ、上り下りの少ない谷筋なので移動が楽だからです。

中央構造線と糸静構造線に沿って、断層活動によってできた地形を利用した古道ができています。諏訪地方を起点としていえば、中央構造線は信州の人たちが秋葉《あきは》神社（静岡県浜松《はままつ》市）に向かう「秋葉街道」でした。火事を防ぐ神さまとして知られています。中央構造線は、海のない信州に塩をはじめとする太平洋側の産物を運ぶ「塩の道」でもあり、完全には一致していませんが、現在の国道一五二号に継承されています。

糸静構造線は千国《ちくに》街道といい、長野県松本《まつもと》市から糸魚川市に向かう道やJR大糸《おおいと》線と重なっています。日本アルプスと総称される飛騨山脈や赤石《あかいし》山脈の東側の山裾の道ということになります。こちらも日本海の産物を信州に運ぶ「塩の道」でした。太平洋側に向かうラインは、諏訪地方、甲府盆地を経て静岡市に延びています。

## 糸魚川静岡構造線と諏訪大社

中央構造線と糸魚川静岡構造線について、授業で習ったとはいっても、試験のために暗記しただけであり、教科書の地図のうえの線という以上の実感はもてませんでした。その後、中央構造線、糸静構造線の露頭を、現地で見る機会がありましたが、そこにあるのは崖の壁面です。その崖の前に立っても、日本列島を貫く大断層をイメージするのは簡単ではありません。

ふたつの構造線は有名であるわりに、リアリティがつかみにくいものですが、デジタル情報技術によって大いに改善されています。ふたつの構造線を直感的に理解するのにいちばんよい方法は、パソコンやタブレットの画面で日本地図のうえを走る構造線のラインを俯瞰し、その地形を確認することです。

「中央構造線マップ」と検索すれば、中央構造線の全貌を詳細なデジタル地図（グーグルマップ）のうえで見ることができます。中央構造線の断層活動によって、直線的な山地、山脈が形成され、その山裾を道路や鉄道が走っていることがよくわかります。

中央構造線のデジタル地図の制作者に電話で問い合わせたところ、一メートル単位の厳密さまでは保証できないと言われたのですが、最新の研究成果をいかした信頼できる地図であることがわかりました。文系的な関心から、中央構造線の全体像を知るためには十分すぎるレベルです。糸静構造線でも同じようなデジタル地図が公開されています。

まず、糸魚川静岡構造線のデジタル地図（以下マップと記載）を見てみましょう。糸魚川市から諏訪盆地に向かって南向きに走っているラインが、諏訪湖の手前でY字の形に分岐して、湖の西と東を通過したあと、また一本に戻っています。並行するふたつの断層によって陥没した地形（地質学用語ではプルアパート・ベイスン）が、諏訪湖を出現させた歴史をあらわしています。

諏訪湖のそばの山にある溶岩の地層が、諏訪湖の地下五〇〇メートル地点にある岩石と一致するように見えるので、断層活動によって、上下に一〇〇〇メートルのズレが生じていると説明されています。

そして、諏訪大社四社の位置を「糸静構造線マップ」のうえで探すと、すぐに特異な状況を確認できます。分岐した糸静構造線の南側のラインは、上社本宮、上社前宮の境内を貫通しています。北側のラインは、下社春宮の境内を貫通し、下社秋宮の敷地の何メートルか東側を通っています。

下社秋宮から下社春宮までの道は旧中山道を継承しており、糸静構造線と何メートルかの違いでほぼ重なっています。デジタル地図によると、私たちは知らないうちに糸静構造線に沿って歩き、下社春宮の鳥居をくぐり、拝殿に向かうとき、この大断層をまたいでいるようです。

中山道・下諏訪宿の風景

実際に歩いてみればすぐわかることですが、このエリアの温泉湧出地は、宿場町の雰囲気が残る旧中山道に沿って点在しています。その原因は糸静構造線にあります。断層とは地下深くまでつづく亀裂ですが、断層活動（地震）のたびに摩擦や圧力で岩石は崩れ、ここ諏訪でも、水やガスが地下から湧き出しやすくなっているのです。

下社秋宮から下社春宮に向かう道の途中、諏訪地方では唯一の前方後円墳である青塚《あおづか》古墳があります。六〇メートル前後のサイズですから、前方後円墳としては小さいほうです。

諏訪大社の歴史的な存在感を考えると、諏訪地方に前方後円墳がひとつしかないというのは意外な感じがします。この事実から私たちが推定できるのは、古墳時代の繁栄の延長に諏訪大社が成立したのではないということです。諏訪大社に対するヤマト王権（奈良、大阪の巨大古墳を造営）の関与は意外と少ないのではないか――ということを連想させ、消去法めいた論法になりますが、「諏訪大社＝縄文」説を支えるデータのひとつであるともいえます。

一方、諏訪大社上社本宮と上社前宮のあいだはトラックが行き交う幹線道路です。この道に沿って歩くと、糸静構造線の断層がつくりあげた山の連なりとその山裾に道ができている地形を実感できます。

上社前宮という社名の由来については、諏訪大社のほかの三社よりも先にできたから前宮だという説があります。上社前宮は、諏訪信仰の「はじまりの地」であると信じられているのでしょう。

諏訪大社の四社で、上社前宮だけが山裾の高台に鎮座しており、幹線道路に沿った鳥居から階段と坂道を歩くことになります。

この本を書くための取材で訪れたのは九月でしたが、猛暑がつづいていました。「野焼き神事」の伝わる習焼《ならやき》神社から始めて、午前中からずっと歩きどおしでした。

そのあと、上社本宮から前宮に向かったので、登り坂の参道では息が切れ、汗が噴き出してきました。

諏訪大社上社前宮脇の清流

諏訪大社四社のうち、ほかの三社は以前、行ったことがあったのですが、上社前宮は今回、はじめて参詣しました。

坂道の先に見えてきた上社前宮の拝殿は、ほかの三社と比較すると、素朴とでも言っていいほどささやかな建物でした〔巻頭カラー写真〕。そのそばに幅一メートル足らずの清流が、水しぶきの音もさわやかに、ほとばしっています。頭から水をかぶるような勢いで顔を洗いました。生き返るような心地とはこのこと。「神社のはじまり」にとって、水の聖性もたいせつな要因であるのを実感できました。

清流のそばに説明板があり、「水眼《すいが》の清流」という名水で、古くはこの水で潔斎して重要な神事に臨んだと書かれていました。諏訪大社の神体山という説もある守屋山《もりやさん》(標高一六五〇メートル)を源流としているそうです。

## 諏訪信仰のはじまりの地は巨大断層の交点

諏訪大社の上社前宮の敷地は参道の坂道にそって、ほぼ南北に細長く広がっています。敷地の西側は山のつづきの森になっていますが、敷地と森の境目あたりを中央構造線がほぼ南北に延びて、門前の幹線道路のすこしだけ手前で糸静構造線と交差しています。

ふたつの構造線が交わっている地点は、厳密にいえば、上社前宮の敷地の外かもしれませんが、何メートルという程度だと思います。デジタル地図の誤差を考慮に入れる必要もあります。しかし、ここで問題にしているのは、日本列島を縦と横に貫いている巨大断層なのですから、こう言って問題ないはずです。諏訪大社の上社前宮で、中央構造線と糸静構造線は交わっている、と。

先に申し上げたとおり、デルフォイの神託で知られる古代ギリシャの神殿は、ふたつの活断層の交点にあり、地下深くから漏れ来るガスと湧水が巫女をトランス状態に導いていたと考えられています。

ふたつの断層の交点に位置するということにおいて、諏訪大社の上社前宮とデルフォイの神殿は共通しています。このことを踏まえて、上社前宮が諏訪信仰のはじまりの地とされていることについて、さらに吟味する必要があります。

ふたつの巨大断層による古道の交差する場所なのですから、旧石器時代から交通の要衝だったのかもしれません。しかし、交通の便が良いという理由だけで、聖地は誕生するのでしょうか。

私たちの目に見えるのは、拝殿のそばを勢いよく走る清流が発する冷気です。守屋山から流れ来る霊山の空気も漂っています。しかし、そのような場所であれば、ほかにもあります。

上社前宮は社殿の規模だけでいえば、村の鎮守といってもいいほどですが、巨大断層に焦点をあわせた大地の歴史のうえでは、とてつもない特異点に鎮座しているといえます。古代の人たちが巨大断層の存在を知るよしもありませんが、宗教的な直感によってこの地が聖地と定められ、諏訪大社の源流をなす古代信仰がはじまったと考えるのは荒唐無稽とばかりはいえないと思います。

それにしても、上社前宮の場所が聖地として〝発見〟されたのは、いつのことなのでしょうか。その発見そのものが奇跡であり、諏訪信仰の神秘を思わざるをえません。

謎多き精霊であるミシャグジ信仰の総本宮のようになっている御頭御社宮司総社《おんとうみしゃぐじそうしゃ》は、上社本宮から徒歩十五分くらいの場所にあります。茅野《ちの》市が運営する「神長官《じんちょうかん》守矢《もりや》史料館」の敷地内ですが、そこも糸静構造線とほぼ重なっています。守矢氏は諏訪大社上社の神官家のなかでも最も古い家系であるとされ、ミシャグジ信仰の管理者であったとも伝わっています。明治以降、神社に対する国家の関与が強まり、守矢氏は諏訪大社の祭祀に参加できなくなりました。

その居宅跡地にある史料館は、建築史家としても著名な藤森照信《ふじもりてるのぶ》氏の設計による、縄文テイストあふれる異色の建造物です。館内にはシカの首がずらりと並べられ、御頭祭の光景が再現されています。

四国、紀伊半島をほぼ東西に貫いている中央構造線は、愛知県から北向きにゆるやかなカーブを描くように長野県につづいています。中央構造線は上社前宮のあたりで糸静構造線と交差したあと、西側に直角的に方向を変え、「中央構造線マップ」のうえでは諏訪湖の真ん中を横断したあと、再びもとの方向に戻っています。

これが意味しているのは、中央構造線のほうが古い断層で、糸静構造線の断層によって切断されているということです。中央構造線の目印になっている結晶片岩《けっしょうへんがん》という特徴ある石の分布によって、一二キロメートルほど横にずれていることが判明しています。

標高七五九メートルの高原に、海のような広がりをもつ湖が存在するという不思議さ。その背景には、ふたつの巨大断層が交差するという壮大な地質学的なドラマが秘められているのです。

東京方面から「特急あずさ」で諏訪方面に向かうとき、右手に八ヶ岳、左手に北岳《きただけ》、甲斐駒ヶ岳《かいこまがたけ》など南アルプスの山々が連なる風景のなかを、すこしずつ列車は標高を上げてゆきます。やがて諏訪盆地の広がりが見え、鏡のように光線を反射する諏訪湖の輝きが視界に入った瞬間、わかっていても気持ちが高ぶります。

自分の足だけが頼りの古代の人びとが、長いのぼり道のあと、諏訪湖の風景を眼前にしたときの感興は、その何倍であるか想像もできません。高原の大湖という驚異に満ちた風景。そこにも、「諏訪大社のはじまり」にかかわる何かがあると思います。

諏訪湖は諏訪大社のご神体そのものではないということはよく言われています。しかし、諏訪湖という自然の造形物を抜きにして、諏訪地方に発した輝かしい信仰の歴史を考えることは不可能です。

## フォッサマグナを発見した「日本地質学の父」

糸魚川静岡構造線の北側の起点である糸魚川市には、この有名な構造線の露頭を見学できる自然公園があります。フォッサマグナパークです〔巻頭カラー写真〕。本稿にとってたいせつな点は、糸静構造線とは、フォッサマグナという巨大な地質構造の西端に自然発生した「道」であり、日本海と諏訪地方をむすびつけていることです。

フォッサマグナは、ラテン語で大きな裂け目という意味で、「中央地溝帯」「大地溝帯」と訳されることもあります。

その溝の幅は日本海側では新潟県の東西とおおむね一致し、太平洋側では静岡県から千葉県に及びます。日本列島が大陸から分離してまもない時期、この巨大な溝は海になっていたといいます。原初の日本列島では、東日本と西日本がフォッサマグナの海峡によって分断されていたのです。その後、海底火山の噴出物や陸から流れ込んだ土砂の堆積によって陸地化したところに、東京都をはじめとする関東甲信越の人たちは暮らしているということになります。

フォッサマグナパークにある糸魚川静岡構造線の露頭は、一〇メートルくらいの高さの崖です。その崖面に向かって立ったとき、真ん中より西側の灰色がかった岩はユーラシアプレートの一部で、東側の赤っぽい岩は北アメリカプレートの一部であると説明されています。東西のふたつの巨大プレートの接触面が、日本列島のうえでは糸静構造線として現れているというのです（この説には反対論もある）。

断層でふたつの異なる地質の岩盤が接している境界面を「断層破砕帯《はさいたい》」といいます。断層の活動（地震）のたびに摩擦、圧力により、岩盤が破砕され、細かい岩石や粘土になっている部分のことですが、ここが断層のラインです。硬い岩盤のうち、この境界面だけがもろくなっているので、地下水の通り道となり、浸食や崩壊がまわりよりも速く進むことになります。断層が直線地形の谷筋をつくる原因はここにあります。

温泉や湧水などの液体が断層から出やすいのも、「断層破砕帯」のスカスカの地質に原因があります。当然ながら、そこは気体の通り道にもなります。化学成分をふくんでいれば「断層ガス」です。

日本列島でも糸魚川市にだけ大きな翡翠の産地があるのは、プレートの運動に連動して、地下にある蛇紋岩《じゃもんがん》といっしょに翡翠が持ち上げられたからだといいます。五億年前のことです。翡翠という希少鉱物の不思議さは、こうした地球物理学的な説明からも伝わってきます。

日本列島の骨格をなす中央構造線と糸静構造線の研究がはじまるのは、明治八年（一八七五年）に来日して、東京帝国大学で地質学の初代教授となったドイツ人エドムント・ナウマンによって、ふたつの構造線が発見されたあとのことです。

ナウマンは、ナウマンゾウにその名を残していますが、フォッサマグナ、中央構造線をはじめ、日本列島の骨格をなす地質構造の多くを発見し、「日本地質学の父」と呼ばれています。日本に来たとき、二十歳だったというので、教え子である大学生とほぼ同年齢、場合によっては年下です。年功序列の気風のある日本社会で、若い教師と生徒のあいだにはギクシャクした関係もあったと伝わっています。「日本地質学の父」は若すぎるお父さんでした。

ナウマンが来日したころ、伊能忠敬《いのうただたか》の日本地図のほかには地質学研究に役立つ資料はほとんどありませんでした。それにもかかわらず、ナウマンが相次いで日本列島の巨大断層を発見できたことには理由があります。

大きな断層の運動は、直線的地形（リニアメント）の山地や谷筋をつくる――という地質学の基礎知識を、そのまま日本列島の風景にあてはめたからです。

日本人はナウマンに指摘されるまで、中央構造線と糸静構造線という巨大断層の学術的な意味を知らなかったのですが、直線的地形そのものは身近な存在でした。縄文より古い旧石器時代から、「道」として利用しているからです。

## 諏訪の神のお母さんは翡翠の女神

糸魚川静岡構造線の日本海側の起点である糸魚川市には、奴奈川神社があり、翡翠の女神であるヌナカワヒメとオオクニヌシを祭神としていることは第二章で話題にしました。海岸近くの公園にもヌナカワヒメの銅像があるのですが、女神の足下にまとわりつき、甘えている幼児がいます。この幼児の像は幼少期のタケミナカタ、すなわち諏訪大社の祭神の子ども時代の姿であるというのです。

諏訪の神タケミナカタは、糸魚川のヌナカワヒメと出雲のオオクニヌシのあいだにできた子どもである——。この三神の親子関係は、銅像だけでなく、糸魚川市にかかわるウェブサイト、印刷物、公共施設での掲示物などで広く紹介されています。

この親子関係は、「古事記」「日本書紀」「風土記」には見えず、書かれているのは「先代旧事本紀」という平安時代の文献だけです。同書第四巻「地祇本紀《ちぎほんぎ》」には、オオクニヌシの系譜があり、配偶者と子どもの名が記されています。四番目の妻がヌナカワヒメです。

次に高志《こし》の沼河姫《ぬなかわ》を娶《めと》りて、一《ひと》りの男《ひこ》を生む。児建御名方神《みこたけみなかたのかみ》。信濃国諏方郡諏方神社に坐《ま》す。

昭和時代に糸魚川市で翡翠の大鉱脈が再発見され、「古事記」にしるされたオオクニヌシとヌナカワヒメの恋物語に歴史的な背景があることが議論されるようになるとともに、「旧事本紀」のこの一文が重要性を帯びてきました。

しかし、「旧事本紀」をふくめても古代の文献には、北陸地方に翡翠の大産地があったことは書かれていません。ヌナカワヒメは翡翠の産地の女王であることによって、オオクニヌシとの関係が生じた――という内容の議論が出はじめたのは、戦後のことです。「翡翠の女神」というキャラクターができあがるまでの過程を振り返ると、地質学、考古学などの研究と糸魚川市の町おこし、観光的なＰＲが融合してできた「現代の神話」めいたところがあります。

諏訪の神との親子説については、「旧事本紀」の一文があるので、現代の創作ではありません。ただ、多くの人がこの親子説を知り、話題にするようになったのはこの二十年ほどのことだと思います。二十一世紀になっても、神々の歴史は新たに語り直され、拡大再生産している。その事実がわかる格好のケースです。

全国的に見れば翡翠の女神の知名度は今ひとつかもしれませんが、諏訪大社では黒曜石と翡翠を組み合わせたお守りが販売されています。同封の紙には、祭神タケミナカタの母神がヌナカワヒメであることが明記されています。

一般論としては、科学的な知識の普及によって、宗教の世界観は否定されるといわれます。キリスト教と地動説、進化論の関係がその好例です。

それとは反対に、ヌナカワヒメの神話は、地質学、考古学など科学的な研究の進展によって、神話のもつリアリティが増幅しています。これは偶然ではないと思います。日本の神々は大地の歴史のなかから、いつとは知れず誕生し、育ち、定着するという性質をもっているからです。

地域経済の古代史を調べているうち、私はそう思うようになったのですが、日本の神々は歴史的であるばかりでなく、ことのほか〝科学的〟な存在感をもっています。本稿では、諏訪大社、出雲大社、熊野本宮大社などをとおして、神々のそうした一面を探り出そうとしてきました。

## 断層の道、神々の道

糸魚川静岡構造線の「道」が縄文時代の交易のメインロードであったことは、諏訪出身の考古学者、藤森栄一氏の名著『古道』（學生社）の第八章「ヒスイと黒耀石の道」でも詳述されています。糸魚川の翡翠は諏訪地方に運ばれ、諏訪地方の黒曜石は北陸方面に運ばれていたことは考古学の資料によって判明しています。翡翠は諏訪を経由して中央構造線に沿って中部地方へ、また、関東を経て東北へも運ばれていました。

諏訪大社系統の神社は全国に分布していますが、濃密な分布の中心はもちろん諏訪地方です。ただ、県別の神社数をみると、長野県よりも新潟県のほうが多いのです。糸静構造線による黒曜石と翡翠の交易が、諏訪信仰の広がる土壌をつくりだしていた可能性はあると思います。

諏訪盆地で交差するふたつの巨大断層（構造線）について、私たちは科学的な言葉で説明され、なんとなく理解したような気持ちになっています。しかし、科学とは無縁の世界で暮らしていた縄文時代の人びとには、翡翠の産地と黒曜石の産地をほぼ直線にむすぶ道の存在が、とても不思議なことに思えたことでしょう。

翡翠、黒曜石が見つかる山や川があり、このふたつの地域を直結するまっすぐな道まで用意されていたのです。恵みの山や川だけでなく、ありがたい天然の道への感謝や祈りの気持ちが生まれたとしてもおかしくはありません。

「道の歴史」については、ケモノ道を人間も通るようになって道ができたとか、人間が踏み固めた跡がいつとはなしに道になったなどと説明されることがあります。しかし、中央構造線、糸静構造線に由来する道が示しているとおり、人間が日本列島に住みはじめるよりもはるかな過去から、道の原形は完成していました。

それは断層の運動によってつくりだされた天然の直線道路です。はかりしれないほど巨大な自然の力を「神」と呼ぶことが許されるなら、それは「神がつくった道」です。

「岩波古語辞典」では、「みち（道・路）」について、「ミは神のものにつく接頭語。チは道・方向の意の古語」と説明されています。道や路という漢字が日本語の世界に入ってくるよりもはるかに古い時代から、「みち」という言葉はありました。そこには「かみ（神）」にかかわるニュアンスがふくまれていたというのです。

日本列島は世界でも有数の活断層の密集地であり、私たちは地震の発生を絶えず警戒しながら暮らしています。地震は百害あって一利なしの「絶対悪」のように思われていますが、ふたつの構造線に沿った天然の道は、地震（断層活動）にも、恵みの一面があることを教えてくれます。

そもそも、断層の亀裂によって大陸の東端が分裂しなければ、日本列島が誕生することさえなかったのです。私たち日本人にとって、巨大断層は恐ろしくも偉大な、母なる存在です。

活断層によって形成された直線地形が、歴史ある街道となっている事例は、ほかにいくつもあります。

長野県でいえば、諏訪盆地から南に走る伊那谷《いなだに》断層帯は伊那街道と呼ばれる古道であると同時に、現在もJR飯田《いいだ》線、高速道路が通る南信州のメインロードです。この断層の活動歴は、中央構造線に比べるとずっと新しいものです。

琵琶湖の西岸には屏風《びょうぶ》のように切り立った比良山地《ひらさんち》が見えます。その西側のふもとを花折《はなおれ》断層が走り、京都市街につづいています。花折断層は、日本海の産物を運ぶ「鯖《さば》街道」（若狭《わかさ》街道）として都の人びとの暮らしにかかわっていました。

京都大学の東側に高さ一〇〇メートルほどの吉田山《よしだやま》がありますが、京大に沿った山裾が花折断層のラインです。江戸時代まで神道界の総元締めのような役割をもっていた吉田神道の拠点である吉田神社があるのが吉田山です。これも活断層と神社をめぐる話題として知られています。

また、京都方面から真言宗の総本山である高野山の参詣に向かう高野街道は、有名な活断層である生駒《いこま》断層と重なっています。大阪と奈良の府県境をなす生駒山地は、生駒断層の運動によって今も少しずつ高くなっています。山裾には直線地形を利用した道路が走っています。

直線的な断層地形に沿って、道ができ、村や町が生まれ、人びとが行き交う――。それははるかな過去からつづく、日本列島の原風景です。そうした歴史のどこかで出現した聖地が、神社として成立し、私たちの時代に引き継がれています。

諏訪とは、太古から存在するふたつの道の交差する特別な町であり、そうした道の広がりのなかに諏訪信仰の歴史は存在しています。そこに付け加えるべきもうひとつの視点は、中央構造線の道によって、諏訪は伊勢ともつながっていることです。

## 中央構造線は伊勢神宮を貫通する

天皇家の先祖神を祀る伊勢神宮の鎮座する三重県。「縄文王国」であり、諏訪信仰のはじまりの地である長野県。この二県の歴史的な背景はまったく異質のような印象がありますが、そうとばかりは言えない記録が「伊勢国風土記」の逸文にみえます。

もうひとつの国譲り神話とでもいうべき奇妙な話は、次のような内容です。

「伊勢国風土記」によると、初代天皇となる神武天皇は船団を率いて九州を出立《しゅったつ》、奈良盆地を制圧したあと、部下のひとり天日別《あめのひわけ》に、東の海の方角にある国（つまり伊勢国・三重県）を平定するように命じた。奈良から東に向かって数百里を進むと、村があり、伊勢津彦《いせつひこ》という神がいた。伊勢の土地を天皇に献上するよう要求された伊勢津彦は、

「私はこの国に居着いて長い年月が経つ。そのような要求は受け入れない」

と拒否した。そのあと、武力によって殺されそうになったので、

「伊勢国はすべて献上し、私はこの国から出ていきましょう」

と言って降参した――という話になっています。

しかも、この物語の末尾には、「伊勢津彦の神はその後逃れて信濃の国に行ったと伝える」（『新編日本古典文学全集　風土記』現代語訳）としるされているのです。時代背景も場所もまったく異なるとはいえ、話の筋はほとんど国譲り神話と同じです。

さらに奇妙なのは、「伊勢国風土記」によると、伊勢津彦とは、出雲の神の子どもである出雲建子命《いずもたけるのみこのみこと》の別名であるというのです。文字通りに解釈すれば、本来は出雲系の神が、伊勢に住んでいたという話になります。

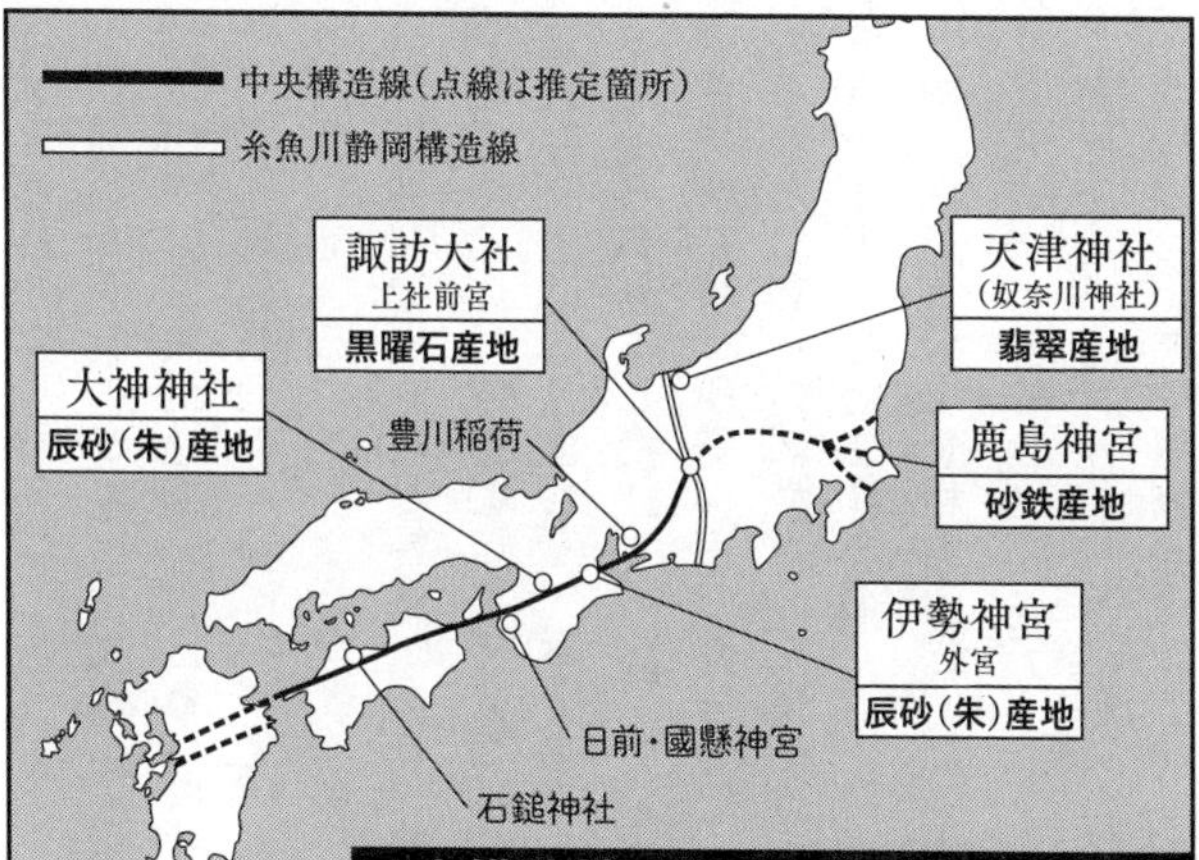


二大構造線に沿った神社と鉱物産地

古事記解読書の先駆けである『古事記伝』で本居宣長は、伊勢津彦は諏訪の神タケミナカタと同一神であり、出雲から伊勢を経由して諏訪に至ったという説を提示しています。この説の是非はともかく、出雲ー諏訪という古代のネットワークのなかに伊勢もふくまれていることを示す注目すべきデータです。

「伊勢国風土記」の記述からは、伊勢から諏訪に至る道が浮かび上がります。これは中央構造線のラインと完全に重なっています。

中央構造線についての辞書的な説明は、「日本列島の中央を東西に、諏訪湖の南から天竜川《てんりゅうがわ》の東側に沿い、豊川《とよがわ》の谷を通って紀伊半島に入り、四国から九州中部に及ぶ大断層線」（『広辞苑』）というものです。

伏見《ふしみ》稲荷大社と並んで、稲荷信仰の中心となっている豊川稲荷《とよかわ》（妙厳寺《みようごんじ》、愛知県豊川市）は中央構造線の真上とはいえないまでも、接近しています。仏教の寺でありながら、稲荷信仰の中心になっている豊川稲荷のすこし妖しげな魅力は、中央構造線と関係しているのでしょうか。

伊勢神宮には内宮《ないくう》と外宮《げくう》があり、四キロメートルほど離れています。アマテラスの神殿があるのは内宮のほうですから、当然、こちらが格上ですが、敷地や社殿の規模に大きな差はありません。参詣するときは、外宮が先で内宮はあとというしきたりが古くからありました。

中央構造線は伊勢神宮の外宮の境内を貫通しています。参拝者は参道に沿って、定められたお参りのスポットを歩くうちに、中央構造線の上を歩いたり、横切ったりをくりかえすことになります。

中央構造線はJR和歌山線、紀ノ川《きのかわ》とほぼ並行しています。このルートは古代からの道であり、紀伊国の一の宮とされる日前《ひのくま》神宮と國懸《くにかかす》神宮の二社、根来寺《ねごろじ》、粉河寺《こかわでら》など歴史ある寺社が中央構造線に沿って点在しています。

四国については、修験道の聖地でもある石鎚山《いしづちさん》が接近していますが、ほかの事例のように貫通という感じではありません。お遍路道《へんろみち》が中央構造線と一致していると面白いのですが、どうもそうではなさそうです。

## なぜ天皇家の神社が伊勢にあるのか

「日本書紀」では、垂仁天皇のころ、アマテラスの祭場を奈良から伊勢に移したとするされています。それが正しければ、古墳時代のはじまりのころが伊勢神宮の起源ということになります。

なぜ、天皇家の先祖神を祀る重要な神社が、奈良、京都の都から遠く離れた伊勢に鎮座しているのか。この問題はかねてより議論されていますが、いまだに定説はありません。

主だった説は次の三つです。

① ヤマト王権が東日本に勢力を広げようとするとき、伊勢地方が前線基地であったから。

② 奈良の都から見て、伊勢は太陽が昇る東にあたるから。出雲はその反対に太陽の沈む方角。

③ 壬申《じんしん》の乱のとき、天武《てんむ》天皇が当地を通過し、遥拝《ようはい》したことで天皇家にゆかりの聖地となった。

これとは別にやや異端めいた説として、朱の鉱物である辰砂(水銀朱)とからめた議論があります。そうした話が出てくるのは、古代の希少鉱物のひとつであった辰砂の産地は、中央構造線に沿って分布しており、その最大クラスの鉱床が伊勢地方と奈良県の宇陀《うだ》地方にあったからです。

伊勢地方には、伊勢神宮に近い三重県多気町《たきちょう》に、昭和期まで辰砂を採掘していた鉱山の跡があります。そこから歩いて十五分ほどのところに丹生《にう》神社が鎮座していま す。丹生とは朱の鉱物をあらわす古い日本語です。

朱の鉱物である辰砂のある場所は、多気町を中心に松阪《まつざか》市、伊勢市におよんでいますが、伊勢神宮の外宮のすぐそばでも確認されています(木村多喜生「三重県丹生地域の水銀鉱床」、専門誌『地学研究』2005年4月号)。

辰砂は三重県の「県の石」(鉱物の部門)に選ばれています。「県の石」とは、日本地質学会が、全都道府県を特徴づける岩石、鉱物、化石を選出し、二〇一六年、発表したものです。新潟県では翡翠、長野県では黒曜石が選ばれています。すべての「県の石」の頂点に立つ「国の石」には翡翠が認定されました。

辰砂は工業用の水銀の原料として、戦後昭和期まで採掘されていました。人間の歴史とのかかわりが深いのは、とても古い時代から、辰砂を砕いた微粉が朱色の着色料としてつかわれていたからです。神社の鳥居に塗られている朱色も、辰砂を使うことが正統であったといいます。

伊勢の水銀鉱山跡

赤系統の色には、ベンガラという酸化鉄の着色料が広く用いられていますが、ややにぶい色合いです。辰砂はより華やかな朱色であることによって、神社や寺院の着色料として好まれました。辰砂には木の腐敗を防止する効果もあるそうです。

鳥居が朱色である理由については、「生命の躍動をあらわす色であるから」「魔除けの効果があるから」など、諸説があります。

古代史のうえでいえば、古墳内部を彩っていた辰砂の朱色が、神社や仏教にかかわる建築物のシンボルカラーになったという流れがあります。朱色を聖なる色とする感覚を、古代の日本人はもっていたのだと思います。

辰砂、丹生とよばれる朱色の鉱物については、膨大な伝承や神話があり、『邪馬台国は「朱の王国」だった』（文春新書）という本にまとめたことがあります。私が三重県にある辰砂の産地を歩いたのはこの本の取材のためで、丹生神社の近くにある中央構造線の露頭のある崖を見学したのもそのときです〔巻頭カラー写真〕。

伊勢神宮《じんぐう》のはじまりは、辰砂（水銀朱）の鉱床と関係があるのではないかという話が出てくるのは、伊勢地方が辰砂の大産地だったことに加え、神武天皇、神功皇后には朱や水銀にまつわる伝承が異様なほど多いからです。このあたりのことも拙著に書いています。

## 朱の産地だった縄文時代の伊勢

朱色の鳥居を目にするだけで、私たちは条件反射のように聖なる空気を察知します。朱色と神々の世界を重ね合わせるこうした感覚は、いつごろから共有されていたのかという疑問が生じます。「神社のはじまり」を考えるうえで、これも重要なポイントです。

弓矢、櫛、土器を赤く塗る行為は、縄文時代の初期から各地の遺跡で確認されていますが、多くの場合、赤鉄鉱《せきてっこう》など鉄による赤色が使われています。その利用は旧石器時代にさかのぼるとも指摘されています。

辰砂による朱の着色が見えるのは、縄文時代の中期からですが、出土した事例も限られています。ベンガラは質を問わなければ、どの地方でも採れるのに対し、辰砂の産地はかぎられています。のちの時代と同じく、辰砂は赤系統の着色料として高級品だったと思われます。

三重県松阪市、多気町、度会町《わたらいちょう》など伊勢地方の縄文遺跡では、辰砂の原石やそれを細かく破砕するための石皿、磨り石が見つかっています。

朱の考古学の第一人者である奥義次氏は、『三重県史（通史編）』で、「全国的にみても、縄文時代の朱の生産に関与した遺跡がこれほど集中している地域は他になく、南勢《なんせい》地域（引用者注：三重県のうち伊勢市を中心とするエリア）は朱の特産地域と解釈することができる」と述べたうえで、現時点では辰砂採掘の場所は不明であるものの、「おそらく多気町丹生周辺のどこかに縄文時代の辰砂鉱山があった」としています。丹生神社のあるあたりです。

縄文時代の辰砂について、黒曜石のような理化学的手法による分布圏は判明していませんが、東北、関東でも伊勢地方の朱の鉱物がつかわれていたと推定されています。

その根拠は、伊勢地方の朱産地にある縄文遺跡で、長野県など中部高地、北陸、東北の特徴をしめす縄文土器がまとまって出土していることです。東日本を中心として、各地の人びとが伊勢地方の朱を入手するため、この地を訪れていた形跡があるのです。三重県内でも伊勢地方のほかには見えない出土状況です。

三重県で見つかっている黒曜石の石器二百四十四点について産地分析が行われていますが、長野県諏訪地方が六五%を占めており、ここでも中央構造線ルートの交易が確認されています。

森添《もりぞえ》遺跡（度会町）という伊勢地方の縄文遺跡で、糸魚川産の翡翠の勾玉が見つかっていることも注目されます。中央構造線と糸静構造線の「道」によって、伊勢と北陸がつながっていたのです。

中央構造線という天然の古道に沿って、人びとは移動し、集落をつくって住んでいました。そうした縄文の村のひとつとして、伊勢ははじまったのでしょうが、そこは希少資源である辰砂の産地でした。この石が放つ朱色の輝きは、人びとに神秘の感情を抱かせ、そのことによってこの土地は特別の価値をもったのだと思います。

天皇家の歴史のはじまりよりも、はるかに古い縄文時代から、人びとが伊勢を行き交った痕跡が、朱色に彩られた遺物とともに残されています。そこに伊勢神宮よりも古い聖地としての歴史をみることができると思います。

朱色の鳥居に感応してしまう私たちの心のありようは、縄文時代に起源をもつ可能性があります。日本の国旗である日の丸も朱色そのものです。このことも「朱の王国」である日本列島の地質条件に関係していると私は考えています。

現在の地形でいえば、中央構造線は長野県から愛知県へと至り、三河湾、伊勢湾を通過したあと、伊勢地方に上陸しています。寒冷だった旧石器時代には、海面の低下にともない、ふたつの湾は陸化していたので、そのころの人たちは中央構造線に沿って、諏訪から三河を経て伊勢まで直行できました。

旧石器時代の人たちは、江戸時代の街道を歩いた旅人よりも、ずっと短い直線ルートで伊勢と諏訪を行き来できたのです。

## 大神神社と山の辺の道も活断層に沿う

「神社のはじまり」をめぐる議論で、もうひとつ、大きな存在感をもつのが大神《おおみわ》神社

箸墓古墳

（奈良県桜井市三輪《みわ》）です。広辞苑では、「日本最古の神社で、三輪山《みわやま》が神体。本殿はない」と簡潔に説明されているように、美しい山を神と仰ぐ原初の神社のはじまりは大神神社にあると考えられています。

大神神社から直線距離で北西一・五キロメートル。半ば農村的な風景のなか、卑弥呼の墓ではないかという説で有名な箸墓古墳《はしはかこふん》（約二七〇メートル）という前方後円墳がたたずんでいます。この巨大古墳をふくむ纏向《まきむく》遺跡のエリアに邪馬台国があったかについては賛否両論ですが、初期ヤマト王権を「三輪王朝」という研究者もいるように、大神神社の周辺地は古墳時代における政治的な中心でした。

この章で大神神社をとりあげる理由は、

奈良盆地で最古とされるこの神社も、活断層の真上に鎮座しているからです。「奈良盆地東縁断層帯」という近畿地方ではとくに地震の発生が警戒されている活断層のひとつです。奈良から京都に向けて南北方向に三五キロメートル。その呼称が示しているとおり、奈良盆地の東側の壁となる山地をつくりだした活断層です。

大神神社の境内から天理市方面に向かう山裾の遊歩道は、「山の辺の道」という古道を継承しています。このルートがほぼ断層の直線的地形に沿っています。ここでも断層がつくりだした古道に沿って、古代の集落が生まれ、聖地が出現している歴史を確認できます。

国土地理院のウェブサイトで、「活断層図」として公開されているので、該当箇所のデジタル地図を拡大すれば、活断層が大神神社の境内を貫通している状況を見ることができます。参道から拝殿に向かうとき、石段をのぼって、小高い場所が大神神社の中心地になっていますが、直線的な山裾に沿った典型的な断層地形です。

「古道と断層」という観点から紀伊半島をみると、伊勢市から和歌山市に至る中央構造線の道が東西を貫き、そこからT字を逆さまにしたような形で、奈良盆地東縁断層帯が、大神神社の鎮座する奈良県桜井市から京都に向けて南北方向にのびています。

ヤマト王権の発祥地である桜井市は、古代の道であったふたつの断層の交点に位置

大神神社

していることになります。大神神社は諏訪大社とともに、スーパーパワースポットとして話題にされる神社ですが、地理的な条件においても共通点があるのです。

古代王権の中心だった桜井市、隣接する宇陀市は、伊勢地方とともに、日本列島で最大級の辰砂（水銀朱）産地でした。

奈良県南部では、中央構造線から枝分かれした亀裂に沿っていくつもの水銀鉱山があり、一九七〇年代まで商業的な採掘がつづけられていました。朱の鉱物のもつ聖性によって、奈良も火山列島の古代信仰につながっています。

朱の鉱物である辰砂は火山活動にともなう熱水鉱床として形成されますが、奈良に朱の鉱床を産み出したのは、千五百万年前の巨大噴火だと考えられています。熊野カルデラの噴火と同じころ、奈良県南部でも巨大噴火が起きているのです。奈良市の春日大社の裏山から柳生街道に沿って、多くの磨崖仏《まがいぶつ》が点在していますが、あのあたりの岩はこの巨大噴火の火砕流が固結してできた凝灰岩《ぎょうかいがん》です。比較的軟らかい岩なので、石仏を彫りやすいのです。

現在の奈良盆地は火山活動とは無縁の静かな古都の風情を漂わせていますが、「日本列島の千五百万年史」の視点に立てば、当時の紀伊半島は地球規模でみても巨大火山の異様な集中地です。あまりにも遠い時代なので、火口の所在そのものが見えなくなっていますが、奈良と三重の県境をなす大台ヶ原にカルデラの痕跡があることがわかっています（『大峰山・大台ヶ原山――自然のおいたちと人々のいとなみ』大和大峯研究グループ／築地書館）

## なぜ、ヤマト王権の発祥地に出雲の神が？

本稿のテーマにかかわるもうひとつの論点は、大神神社の祭神が出雲系であることです。主祭神は大物主大神《おおものぬしのおおかみ》で、それに配してオオナムチ、スクナヒコナを祀っていますす。大物主はオオクニヌシの別名と説明されることもありますが、そうではないという説もあり、出雲系ではあるものの、正体不明の謎めいた存在です。

奈良盆地において、最も古く、最も格の高い神社である大神神社。なぜ、そのような神社で、出雲の神が祀られているのか。この謎についても諸説紛々として、未だに定説がありません。

「出雲王国論」の立場からは、ヤマト王権が確立する以前、出雲の勢力が奈良盆地を支配していた名残が、大神神社をはじめとする出雲系の信仰文化であると主張されます。この地に出現する巨大な前方後円墳は、ヤマト王権の樹立と連動するという有力な説もあります。この地域の主要古墳の埋葬空間は、おびただしい量の朱の微粉によって鮮烈に彩られています。

考古学のデータからは、奈良盆地の勢力が強大化して、その軍事力、経済力によって全国に支配圏を広げたというよりも、吉備（岡山県）、尾張（愛知県）などの地域をふくむ広域連合めいた性格がヤマト王権には見えるといわれています。

こうした諸々のデータを総合すると、大神神社の成立について、とてもシンプルな仮説を描くことができます。

その当時も今の日本と同じく、全国各地でさまざまな神が祀られていたはずです。そうした多神教的な信仰文化のなか、これまた今と同じように、最も権威ある存在は出雲の神だった可能性は小さくないと思います。

だからこそ、誕生まもない王権を守護する神として頼りにされ、出雲の神は奈良盆地に招かれた。それに伴い、神祀りにかかわる専門家集団が出雲から三輪の地に移り、定住することになった——。そう考えれば、古代王権の発祥地で、最も偉大な神として出雲系の神が祀られ、現在に継承されている歴史を整合的に解釈できると思います。

平安時代になっても出雲大社の宮司が出雲国造神賀詞を奏上し、オオクニヌシが天皇の治世を守護することを改めて誓ったことと、基本的には同じ構図ということになります。

三輪は地名であるとともに、大神神社の神官を世襲した一族の氏名《うじな》です。諏訪大社を支配した神氏は「じん」とも「みわ」とも呼ばれ、一説によると、奈良の三輪氏の末裔であるともいいます（これについては否定論も）。氏族の歴史は確実な史料が乏しく、難解ですが、奈良盆地の三輪を介して、出雲と諏訪がむすびついているようにも見えます。

大神神社という社名は鎮座地が三輪であるからですが、改めて考えてみると、「神」という文字を「みわ」と読むのは、傲岸不遜《ごうがんふそん》と非難されても言い訳できないほど奇妙な用法です。自分の住む土地の地名、あるいは苗字を「神」の字に当てることは、やろうと思えば誰でも、どこでもできることですが、実際はそうではありません。

古墳時代に成立した列島社会の常識において、三輪の神こそが「神の中の神」であるという共通の理解があったということでしょうが、その権威は、ヤマト王権と出雲の神との〝提携関係〟に由来するのではないかと考えてみました。

## 国譲りの戦いの勝者を祀る鹿島神宮

中央構造線との関係が話題になるもうひとつの神社が鹿島神宮（茨城県鹿嶋市）です。中央構造線は太古の海（フォッサマグナ）を消滅させた堆積物で隠され、諏訪より東側ではその位置が見えなくなっているのですが、いくつかの説があります。「中央構造線マップ」では、三つの推定ラインが書き込まれています。そのうち真ん中の推定ラインとほぼ接するように鹿島神宮が鎮座しています。

国譲り神話のなかでは、鹿島神宮の主祭神タケミカヅチはオオクニヌシに直談判《じかだんぱん》したあと、諏訪の神と対決し、腕力をもって黙らせました。天皇家の視点に立てば、国譲りの最大の功労者です。鹿島神宮の「神宮」は、朝廷が認めた高い権威を示しています。

現在、「神宮」を称している神社は二十数社しかなく、伊勢神宮、熱田神宮、明治神宮、橿原《かしはら》神宮などでは、天皇家の先祖神あるいは歴代の天皇や皇族を祭神としています。天皇家とは血縁（神話的な親子、兄弟関係をふくむ）がなく、家来のような地位の神を祀っているのは鹿島神宮のほか、香取《かとり》神宮（千葉県香取市）、石上《いそのかみ》神宮（奈良県天理市《てんり》）くらいです。

利根川《とねがわ》をはさんで、鹿島神宮の対岸に香取神宮が鎮座します。祭神はフツヌシ。この神は「古事記」には見えませんが、「日本書紀」では国譲りの場面で活躍しています。

石上神宮は、軍事氏族とされる物部《もののべ》氏にゆかりのある神社です。鹿島神宮、香取神宮をふくめて、朝廷の軍事にかかわる神社は厚遇され、神宮の呼称を許されていることがわかります。

常陸国《ひたちのくに》一の宮とされる鹿島神宮は、豪華な極彩色《ごくさいしき》の建物、広大な神域をもつ北関東を代表する神社です。歴史的には、ヤマト王権が関東を支配し、東北に勢力圏を拡大しようとするとき、鹿島神宮のあたりがその前線基地だったともいわれています。「延喜式」のときすでに「鹿嶋神宮」と記録されています。

鹿島神宮の支社、分社は関東を中心として六百社ほどありますが、全国一万社ともいわれる諏訪大社の信仰圏には遠く及びません。

諏訪の神、鹿島の神はともに「戦いの神」「軍神」としての性格を色濃くもっています。しかし、鎌倉幕府の将軍、源頼朝をはじめ歴代の武将からの支持がどちらに集まっていたかというと、諏訪の神です。完膚なきまでに相手をたたきのめした完勝であったにもかかわらず、鹿島のタケミカヅチは、神社と神社の戦いにおいて劣勢を余儀なくされているのです。

「国譲りの戦い」に負けた諏訪の神のほうが、軍神として人気が高い——。誰が考えても不自然な現象ですが、ここに諏訪大社の秘密につながる情報が隠されていると思います。

日本列島の「ものづくり」の歴史のうえでいえば、鹿島は古代の砂鉄産地です。「常陸国風土記」の「香島《かしま》の郡」(鹿島のこと)のくだりを『新編日本古典文学全集風土記』の現代語訳でみてみます。

若松の浜の砂鉄を採って、剣を造った。(中略)安是《あぜ》の湖にある砂鉄は、剣を造ればとてもするどい剣ができる。しかしながら香島の神山であるから、容易に入り込んで松を伐《き》ったり鉄を掘ったりすることはできない。

古い刀剣を社宝とする神社は数多くありますが、鹿島神宮の宝物館では、三メートル近くはある恐ろしく長大な大刀を見ました。奈良時代、地元の砂鉄を原料として作刀したと伝えられていますが、鹿島の神が「剣の神」「鉄の神」であることを強烈に主張しているようです。

鹿島の神は、地元サッカーチーム「鹿島アントラーズ」の守護神でもあり、毎年、一月には監督以下の全選手が必勝祈願のため、鹿島神宮を参拝するのが恒例となっています。鹿島アントラーズの前身は、住友金属工業（合併により現在は日本製鉄）の鹿島製鉄所を拠点とした住友金属工業蹴球団です。鹿島臨海工業地帯の中核をなした近代的な製鉄所なので、古代の砂鉄とは関係ないとはいえ、当地が製鉄とかかわりの深い土地であることを示しています。

## 鉄の神 vs. 黒曜石の神

鹿島神宮のほかにも、鉄と軍事にかかわる重要な神社があります。

岐阜県不破《ふわ》郡垂井町《たるいちょう》の南宮大社《なんぐうたいしゃ》は、「延喜式」の神名帳に「美濃国《みののくに》不破郡　仲山金《かな》山彦《やまびこ》神社」と記録されています。歴史的には美濃国一の宮とされ、金属の神である金山彦を祭神としていることから、金属や鉱山にかかわる神社の総本宮として崇敬され

古代の赤鉄鉱産地・金生山

ています。

南宮大社から北東六キロメートルほどのところに金生山《かなぶやま》という小高い山がありま す。現在は石灰岩の鉱山ですが、古代においては、赤鉄鉱の産地であり、美濃鍛冶の一派が住んでいたと伝わっています。鉄の山があり、鉄にかかわる信仰が生まれたというわかりやすい事例です。

古代の天下分け目の戦いである壬申の乱(六七二年)で、勝者となった大海人皇子(のちの天武天皇)は、そのとき都のあった近江の朝廷軍に対抗するため、南宮大社のある不破郡に拠点を設けました。当地の鉄でつくられた武器を確保する狙いがあったからだともいわれています。

南宮大社に対する、鉱山神、金属神とし

ての信仰は今なお健在です。以前、私が訪れたとき、拝殿のそばに業界関係の参拝者が奉納した額があって、そこには機械部品、金属部品、工具、包丁やハサミなどさまざまな金属製品が並べられていました。金属の神への異様なほど真剣な祈りが、この業界とは無関係のこちらにまで伝わってくるようでした。

考古学のデータのうえでは、日本列島で古代製鉄が本格的に営まれるのは古墳時代の六世紀からだとされていますが、その中心は吉備国《きびのくに》（岡山県）です。岡山県には前方後円墳の墳丘サイズで全国第四位となる造山《つくりやま》古墳をはじめとして、地方としては規格外の巨大古墳が立ち並んでいます。巨大古墳のベスト3はいずれも大阪府にあって、それぞれ仁徳《にんとく》天皇、応神《おうじん》天皇、履中《りちゅう》天皇が埋葬されていると伝承されている古墳です。

当時の岡山県に天皇陵に匹敵するサイズの前方後円墳があることについては、奈良盆地でヤマト王権が誕生するとき、吉備の豪族が重要な役割をもって参画したからだという説があります。吉備の豪族が勢力を誇った背景には、古代製鉄の中心地としての経済力があったからだともいわれています。

岡山市には吉備津《きびつ》神社があり、鉄の釜をつかった鳴釜《なるかま》神事をはじめ鉄の文化とのむすびつきがかねてより指摘されています。吉備津神社はそれなりの信仰圏をもっていますが、諏訪大社の全国規模での広がりとは比較になりません。

室町時代から江戸時代になると、出雲地方が全国一の鉄産地と定まりますが、出雲大社、オオクニヌシの信仰に「鉄の神」の性格が顕著になったようには見えません。

出雲のタタラ製鉄にたずさわる人びとが事業の安寧と発展を祈ったのは、島根県安《やす》来《ぎ》市に鎮座する金屋子《かなやご》神社でした。江戸時代の製鉄業者が伝える文献によると、この神は最初、兵庫県宍粟《しそう》市千種《ちくさ》（「播磨国《はりまのくに》風土記」に記録される古代からの鉄産地）に天下ったものの、やがて西の方向に移動し、出雲に至ったとしるされています。

明治維新のあと、「鉄は国家なり」と言われるほど、製鉄産業は重視されました。それは鉄が戦艦、戦闘機、銃器類の最重要素材として、軍事に直結しているからです。

人類の歩みは「ものづくり」の歴史のうえでは、石器時代→青銅器時代→鉄器時代と整理されています。現代とは、鉄器時代の延長です。石器は鉄器に比べて使用価値が低いことによって、人類の歴史から消えてゆきました。

日本史でいえば、「石器時代」である縄文時代が否定され、移行期である弥生時代を経て、本格的な「鉄器時代」である古墳時代に至ります。ヤマト王権は古墳時代の奈良盆地に出現しました。立派な建造物をもつ神社も、この時代に起源をもつといわれています。

黒曜石は石器時代のあいだ、日本列島のみならず世界全体でいっても「最強の石」です。狩猟においても、戦いにおいても、黒曜石の鋭利さにかなう石はありませんでした。諏訪の神が、狩猟の神であるとともに軍神でもある根拠は、「黒曜石の神」としての歴史にあると思います。そうした解釈が正しければ、国譲り神話にみえる諏訪の神と鹿島の神の戦いは、縄文時代の「黒曜石の神」が、古墳時代の「鉄の神」に敗北した歴史として読み解くことができます。

しかし、鹿島神宮、南宮大社、吉備津神社の三社にかかわるすべての神社を合計しても、全国五千社とも一万社ともいわれる諏訪神社の数に及びません。なぜでしょうか。

諏訪の神が「黒曜石の神」であるならば、原初的な諏訪信仰の起源は、旧石器時代の三万何千年前というところまで視野に入れる必要があります。旧石器時代を省いて短く見積もっても、縄文時代以降の一万何千年かの歴史が見えます。

一方、鉄と神社のかかわりは、どんなに古いとしても二、三千年前のことです。

諏訪大社が背負っている時間の総量は、鹿島神宮や南宮大社と比べて、はるかに大きいのです。何事も古ければ良いというものではありません。しかし、古いことが価値をもつ分野は確実にあります。神社の権威はその最たるものです。

聖地の歴史では、「石は鉄よりも強し」です。

## アステカ帝国の黒曜石の神

世界各地の神話のうち、黒曜石の神の姿が最もはっきりと見えるのは、メキシコを中心として栄えたアステカ文明です。

土着神の代表格テスカトリポカの神名は、直訳すれば、「煙立つ鏡」ですが、これは黒曜石の鏡を意味するといいます。「黒曜石の鏡は卜占《ぼくせん》と関係し、シャーマニズム的な起源との関連を示している」（リチャード・F・タウンゼント『図説アステカ文明』創元社）からです。黒曜石を磨き上げた鏡は、ヨーロッパでも呪術や魔術でつかわれたといいます。

「テスカトリポカは王権に関係した儀礼で唱えられる最も長く敬虔《けいけん》な祈りの主題になっている」（同）といいます。世界を創造する最高神のグループの一員ですが、悪や混乱にも関与し、戦士の神、軍神、あるいは運命の神でもあるというなかなか複雑な性格です。日本の神々でいえば、善悪の二面性や暴力性などスサノオと似たところがあります。

一五世紀に西欧によって〝発見〟されるまで、南北のアメリカ大陸では鉄を知らない石器文明がつづいていました。黒曜石は武器や刃物として最も重要な鉱物であるだけでなく、祭祀や占いにつかう鏡の原料でもあり、王権の正統性にもかかわっていました。

アステカ帝国は一六世紀までメキシコ高原を中心に勢力圏を築いていましたが、スペインのコルテスの軍隊の前にあっけなく滅亡してしまいます。コルテスの軍隊に立ち向かったアステカの兵士は、黒曜石の剣で武装していました。戦士の神でもあるテスカトリポカが「黒曜石の神」という一面をもっているのは当然のことです。

殺傷能力の高い銃を主力とするスペインの「鉄」の軍隊に対し、黒曜石の剣しか持たないアステカ帝国の「石」の軍団がかなうはずもありませんでした。鹿島の神にたたきのめされた、諏訪の神の姿と重なります。

その後、アメリカ大陸の宗教地図はキリスト教によって完全に塗り替えられ、土着の神テスカトリポカは悪魔扱いされる時期もあったようです。諏訪の神タケミナカタが今もなお日本全国で崇敬されていることを思うと、テスカトリポカの扱いには胸が痛みます。

黒曜石は火山活動の産物である溶岩の一種ですから、世界地図のうえでも分布は限られています。地中海から黒海、アフリカ東岸にも黒曜石の産地がありますが、世界で最も産地が集積しているのはアメリカ大陸の西岸から日本列島につづく環太平洋火山帯です。同じ黒曜石文化圏のなかにあるアステカの神々と日本の神々は、地質学的には〝遠戚関係〟にあるともいえます。

アステカ帝国の栄えたメキシコ、中央アメリカは、翡翠の世界的産地である点でも日本と似ています。翡翠がヨーロッパに伝わったのは、当地の征服者が持ち帰ったのがきっかけでした。

## 地震の守り神としての鹿島神宮

大地の歴史から鹿島神宮を考えるとき、「鯰絵《なまずえ》」にも注目する必要があります。鯰絵とは、江戸に大きな被害をもたらした安政《あんせい》の大地震(一八五五年)の発生後、大量に出版された錦絵版画です。

地震が起きる原因は地下にいる巨大ナマズが暴れるからだ。鹿島の神タケミカヅチは地震が起きないよう、「要石《かなめいし》」という霊石《れいせき》によって巨大ナマズを押さえ込んでいる——。そんな江戸庶民の俗信をもとに、さまざまな空想が描かれています。鹿島の神が剣によって巨大ナマズを地面に突き刺している絵柄もあります。

鹿島神宮の本殿から数百メートル離れたところに奥宮があり、その近くで「要石」を見ることができます。地表に出ている部分は、大きな漬物石くらいにしか見えませんが、実際はかなりの巨石であるそうです。イワクラとしては、やや規格外ですが、要石も祭祀の対象となる岩石です。

大ナマズは、日本列島の地下に住む巨大な龍のような存在です。誰が言い出したのか確認できなかったのですが、この龍とは中央構造線のことであるという話があります。タケミカヅチが要石によってナマズを押さえ込んでいる場所が鹿島であるのは、そこが活断層である中央構造線だからだというわけです。

鯰絵（国際日本文化研究センター所蔵）

魅力的な説ではありますが、この説の弱点は、関東平野では中央構造線が断層地形として目に見えるわけではないということです。

鹿島神宮の要石（矢印部分）

中央構造線は地震の原因となる活断層帯ですが、中央構造線のすべての区間が活断層ではありません。地震の痕跡があり、近い将来、地震が起きそうだと懸念されている活断層は、紀伊半島の西側、四国などであり、関東地方はふくまれていません。

火山の噴火が「点的な現象」であるならば、地震は「面的な現象」です。私たちは、気象庁からの発表がなければ、震源地がどこにあるのか見当もつきません。地震の原因である活断層は見えないのですから、そこに狙いをつけて地震封じの神社をつくるというのは難しいといえます。

私たちが地震の発生を強く警戒しているのは、地震によって、建物が倒壊し、火事が起き、交通をはじめライフラインが壊滅するという連鎖的な被害が生じるからです。

縄文時代、巨大地震が起きた場合の被害はどの程度だったのだろうと考えてみました。

竪穴式住居が崩れれば、怪我をおう人もいたはずです。大きな揺れで、大切にしていた縄文土器、土偶が割れて、泣き崩れた人がいたかもしれません。とはいえ、住居といっても簡素なものですから、焼けたり、倒壊したりしたとしても、短期間で元通りにすることができると思います。総合的に評価すれば、たいした被害だとはいえません。

一方、旧石器時代の人びとは遊動する狩猟採集民です。定住のための家も、炊事、食事のための土器ももっていません。運が悪ければ落石で怪我をすることもあったでしょうが、どんなに巨大な地震であっても、揺れそのものは何秒間のことです。被害はかぎりなくゼロに近いといえます。

地震に対する恐怖の感情は、現代人をマックスとして、時代を過去にさかのぼるほど小さくなるはずです。鹿島神宮が地震から人びとを守る守護神として庶民の信仰を勝ち得たのも、都市化がすすんだ江戸時代のことだと思います。神社の起源を探る本稿のテーマのうえでいえば、地震の神はあとまわしにしたほうが良さそうです。

玉作りの工具（小松市埋蔵文化財センター所蔵）

## 中央構造線にも見える玉作りの歴史

石川県小松市を訪れたのは、当地が碧玉の四大産地のひとつであり、弥生時代の大規模な玉作り工房が見つかっているからです。

「紅簾石片岩《こうれんせきへんがん》」という結晶片岩《けっしょうへんがん》の一種が、玉作りの道具として利用されていたことを知ったのは、小松市埋蔵文化財センターで、玉作りの技法や原料の産地についての説明を聞いているときでした。

結晶片岩とは、圧力や熱によって岩がもとの性質から変化して、薄くはがれる性質になっている岩石です。この章で結晶片岩をとりあげる理由は、玉作りの道具である石鋸《いしのこぎり》や砥石《といし》になっているこの石が、中央構造線に沿って分布しているからです。中央構造線のラインの南側にある三波川変成帯と呼ばれているエリアが、この石の採取地でした。

紅簾石片岩は、その名のとおり、結晶片岩のなかでもピンク色の混じった目立つ存在です。和歌山県から徳島県にかけて分布する紅簾石片岩が、北陸地方にも運ばれてきていたのです。

二〇二四年、北陸新幹線が開通したＪＲ小松駅そばの八日市地方《ようかいちじかた》遺跡は、北陸では最大級の弥生時代の環濠集落であり、玉作りの拠点としても注目されています。駅周辺の市街地をエリアとする遺跡なので、古代を連想させる復元展示などはいっさいありません。勾玉、管玉《くだたま》の完成品のほか、大量の玉作り関連の遺物がみつかっており、その一部が小松市埋蔵文化財センターで公開されています。

管玉は「玉」とはいっても球状ではなく、ストロー状の細長い形です。碧玉など材料となる石から細長い断片を切り出し、砥石にこしらえた半円の溝のなかを何度も転がすことで研磨し、丸い円柱に加工します。円柱に細い穴をあけ、糸を通してネックレスにしたようです。穴をあける〝針〟にするため、大阪と奈良の府県境にある二《に》上山《じょうさん》という死火山でとれるサヌカイト（安山岩溶岩の一種）が北陸地方の石川県にまで運ばれていました。

小松市埋蔵文化財センターの展示室には、玉作り関連の物流を示す地図のパネルが掲げられています。そこには中央構造線が赤い線で、糸静構造線が青い線で書き込まれていました。ふたつの巨大断層が、古代の物流の道でもあったことを示しています。

紅簾石片岩の産地の位置は、和歌山県、徳島県を通過する中央構造線の上に示されています。紅簾石片岩は中央構造線から諏訪経由で糸静構造線というルート、あるいは兵庫県の加古川《かこがわ》をたどるルートで日本海側に運ばれていたのです。

和歌山県、徳島県を産地とする結晶片岩は、出雲地方の玉作り集落でも、砥石など玉作りの道具としてつかわれていました。

熊野地方をふくむ紀州（和歌山県）と出雲の複雑で不思議なむすびつきは、しばしば話題になりますが、中央構造線を産地とする結晶片岩からもそれが見えてきます。玉作りの人脈は、出雲と北陸のあいだにとどまらず、紀伊半島をふくめて中央構造線エリアにも広がっていたのです。

「ものづくり」にかかわる人たちの間の物流にすぎないのか、それとも日本列島の信仰の歴史につながっているのか。タマという古語のなかに「神」の意味がふくまれているという折口信夫の説を採るとすれば、玉作りの人びとが歩いた道は、「神」の広がりと必ず関係しているはずです。

白山比咩神社

## 白山信仰にも漂う縄文の気配

石川県に行ったもうひとつの目的は、白《はく》山《さん》信仰の中心のひとつ白山《しらやま》比《ひ》咩《め》神社（白山《はくさん》市）を訪れることでした。

白山信仰は北陸、中部地方をはじめとして、全国三千社とされる信仰圏をもっています。東京都文京《ぶんきょう》区にも白山神社があり、地下鉄の白山駅、幹線道路の白山通りによって東京都民にも広く知られる存在です。

八世紀ごろ、泰澄《たいちょう》という僧が白山に登頂して修行したことが、白山信仰のはじまりとされているように、仏教（天台宗系）、修験道との関係が深い神社でした。

白山（標高二七〇二メートル）は江戸時

代に噴火した記録があり、気象庁が指定する活火山です。白山信仰も火山列島の歴史のなかから生まれました。

北陸鉄道鶴来《つるぎ》駅から白山比咩神社までは歩いて四十分ほどです。町並みは巡礼の道の雰囲気をわずかにとどめ、歩きがいのある道です。

白山比咩神社は加賀国《かがのくに》一の宮であり、「延喜式」にも記載されている神社ですが、白山信仰の絶対的な中心ではありません。霊峰白山をかこむ石川、富山、岐阜の三県には、白山信仰の拠点であった神社や寺院が点在しています。

これも小松市埋蔵文化財センターでうかがった話ですが、白山を中心とする北陸、東海地方には、縄文土器の要素を残した独特の弥生土器の様式があります。白山信仰も縄文時代に根源がある気配はしますが、ほかの修験道各派と同じように、文字資料が乏しく、その歴史は深い霧に閉ざされています。

本稿のテーマでいえば、小松市、白山市のエリアには、碧玉を材料とする玉作りの文化があり、それは白山信仰の広がりと関係しているようにも見えます。ただ、出雲や糸魚川のように、伝説や遺跡によって、「玉」と「神」の関係をたしかめることはできませんでした。

## 因幡の白ウサギは黒曜石神話なのか

黒曜石の五大産地が、北海道の十勝地方、長野県の諏訪地方、島根県の隠岐の島町、伊豆地方、九州北部であることはすでに申し上げました。黒曜石に焦点をあてたこの章の最後に、島根県の隠岐諸島をとりあげてみます。

はじまりも見えないほど古い神社の鎮座する出雲、諏訪。

「延喜式」記載の神社数で、実質的には東日本ナンバー1といえる伊豆国。

神社の歴史でひときわ大きな存在感を示す出雲、諏訪、伊豆の三地域が、黒曜石の五大産地にそろっているのです。黒曜石が「神社のはじまり」に関係していると推定できる最大の根拠は、こうした地理的な一致です。状況証拠ではありますが、証拠能力はかなり高いと思います。

島根県にあった黒曜石の産地は、行政上の地名によって、隠岐の島といわれていますが、これは誤解を招きかねない表現です。当地の黒曜石の利用がはじまったのは三万何千年前の旧石器時代からであることが考古学調査によって判明していますが、そのころの隠岐諸島は本州と地続きだった（190ページの地図参照）からです（島根県立古代出雲歴史博物館『隠岐の黒曜石』ハーベスト出版）。

縄文時代がはじまる以前、島根県沖に広がっていた平原は、海面上昇によって海に飲み込まれ、隠岐諸島をはじめとして、かつて山だった部分だけが、今も島として残っています。したがって、旧石器時代の黒曜石採取地は隠岐の島町だけでなく、その周辺の海の底にも隠されている可能性があるのです。

隠岐の黒曜石は日本海エリアを中心に広く流通しており、新潟県や四国でも発見されています。黒曜石をめぐる物流のもうひとつの中心が、出雲エリアにあったことは、聖地の歴史を考えるうえで見過ごせない情報です。

隠岐は有名な「因幡《いなば》の白ウサギ」(古事記では「稲羽の素兎」)によって、出雲神話の舞台にもなっています。

隠岐に住んでいたウサギは、因幡国(鳥取県)に渡るため、ワニ(通説ではサメのこととされる)をだまして、たくさんのワニの並んだ背中をとんで海を渡りきるものの、最後にワニに皮をはぎとられ、苦しんでいるところをオオクニヌシに救われる――というおなじみの話です。

女性関係での大活躍をのぞけば、オオクニヌシの最大の実績はこの善行であり、日本人の多くが知っている話です。しかし、助けたのはウサギ一匹です。日本を代表する神の、最大の見せ場としては話が小さすぎます。この物語の裏には何かが隠されているのではないか。そう勘ぐらざるをえません。

このとき、オオクニヌシは因幡国のヤカミヒメに求婚するため、同じ目的をもつ兄たちと旅している途中でした。なんと、オオクニヌシ唯一の善行も女性遍歴の途中でのエピソードにすぎないのです。ウサギは助けてくれたお礼として、オオクニヌシとヤカミヒメの成婚を予言します。

たくさんの兄弟のなかでいちばん格下のオオクニヌシは、兄たちの荷物を入れた大きな袋を持たされ、まるで従者のようです。現代のものもふくめて、絵にかかれたオオクニヌシは、大きな白い袋をかついでいます。サンタクロースの袋のなかには子どもたちへのプレゼントが入っています。オオクニヌシの袋の中身は何なのでしょうか。

『古事記』の物語のうえでオオクニヌシが因幡国や高志（越）国を訪れるのは、それぞれの土地に住む女神に求婚するためですが、これを「出雲王国」の政治と軍事の勢力拡大をしめす比喩的な表現だとみる向きがあります。それとは別に、日本列島をまたにかけたオオクニヌシの女性遍歴は、出雲のメノウ、糸魚川の翡翠など、玉作りにかかわる物流を背景とする物語だという説もあります。本稿は後者を支持する立場で話を進めています。

オオクニヌシの物語が希少鉱物の交易を象徴しているならば、大きな袋のなかにあるのは、美しい石、価値のある石です。この場面で隠岐が舞台となる理由を考えてみると、ウサギがこの島の黒曜石に関係しているのではないかという疑惑が生じます。神社本庁とは別系統の神道関係の著作をみていると、隠岐のウサギとは、大分県の宇《う》佐《さ》神宮（宇佐八幡宮）にかかわっていた宇佐一族を示しているという記述を目にします。宇佐神宮のある大分県には、姫島という黒曜石の大産地があることとあわせて、参考情報としてあげておきます（山蔭基央『出雲と伊勢』ほか）。

氷期の旧石器時代が終わり、温暖な縄文時代になるとき、陸続きだった隠岐諸島は次第に半島状の地形となり、やがて完全な離島になりました。

旧石器と縄文の端境期を生きた人たちは、隠岐諸島がかつて陸続きであったことをおぼえていたはずです。半島の地形が失われる途中、飛び飛びの島の連なりができて、その風景も人びとの記憶に残ったでしょう。ウサギが海を越えようとしたワニ（サメ）たちの背中とは、この島の連なりだったということも考えられます。

「因幡の白ウサギ」とは、隠岐諸島にある黒曜石の利権を掌握するキーパーソンだったのではないか――と私は考えてみました。もしそうであるならば、なぜ、ウサギとして物語に登場するのかという話になります。

私案のひとつはウサギの目です。イヌ、ウマ、ネコなど、ほかの身近な動物と比較して、白目がほとんど見えず、大きな黒目だけが輝くウサギの目は特徴的です。あの目は黒曜石の神秘的な輝きに似ています。ディック・ブルーナのミッフィー（うさこちゃん）の目も黒目だけです。

ワニの背中もウサギの黒目説も今ひとつかもしれませんが、白ウサギの物語には、日本列島に伝来した、ほのぼのとした南方系神話というだけではすまない謎めいた雰囲気があります。黒曜石の神話なのか、それとも別のモチーフが隠されているのか。さらに検討する必要がありそうです。

## 「隠岐カルデラ」に鎮座する焼火神社

現在の島根県は律令時代から、出雲国、石見国、隠岐国の三か国に分けられていました。先述のとおり、出雲国にある「延喜式」記載の神社（式内社）は、大和国、伊勢国に次ぐ数ですが、隠岐国もまた式内社の異様に多いエリアとして注目されています。交通不便な離島であるにもかかわらず、隠岐国一の宮とされる水若酢命《みずわかすのみこと》神社をはじめとして式内社が十六座あります。

伯耆国《ほうきのくに》（鳥取県）の式内社は六座、安芸国《あきのくに》（広島県）は三座、九州にある各国もほとんど一桁なので、隠岐国の十六座はこの島が式内社の異様な密集地であることを示しています。

島単位の集計では、対馬《つしま》（二十九座）、壱岐《いき》（二十四座）という事例がありますが、対馬、壱岐は弥生時代、邪馬台国の時代から、朝鮮半島、中国との海上交通の中継地であったところです。外交と交易の拠点であり、国家的な祭祀の対象になる理由は明らかです。

隠岐国に式内社がこれほど多いことについては、国境を守る宗教的な防衛ラインであったという意見があります。

しかし、大陸方面から日本列島を襲撃するとき、隠岐を経由するケースは想定しがたいことです。現に鎌倉時代のモンゴル軍は、対馬、壱岐というルートで攻め寄せてきました。「延喜式」の神社の配置に国境警備めいた意味があるとしたら、むしろ、対馬、壱岐にこそ当てはまるはずです。日本の領土であることを明示し、宗教的な結界をつくるためにも、多くの神社が必要であったのでしょう。

隠岐諸島は四つの島からなり、西ノ島《にしのしま》など三つの島を島前《とうぜん》、その北東にあっていちばん大きい島を島後《とうご》といいます。黒曜石の産地があるのは島後です。

隠岐諸島にこの一万年間に活動した活火山はありませんが、周辺海域をふくめて火山の多いエリアであり、それが黒曜石産地としての歴史につながっています。

かつて、島前の三つの島をまたぐような大きな火山があったのですが、巨大な噴火で山体が崩れ、カルデラが形成されました。現在の三つの島はカルデラの外輪山の一部で、鍋状地形であるカルデラの「底」は海になっているのです。

日本海には多くの火山が海底に隠されており、わずかな例外として隠岐諸島、佐渡島の火山が、島として私たちの目に触れています。佐渡島の金や銀、玉作りの材料となる碧玉も、こうした火山活動の産物です。

隠岐にカルデラを出現させた大きな噴火は六百万年前のことです。その後、カルデラの内部で新たな火山が出現します。それが西ノ島にある焼火山《たくひやま》（標高四五二メートル）です。

古くは焼火山を大山《おおやま》といい、「延喜式」に記載されている隠岐国の大山神社は焼火山を神体山として仰いでいたと考えられています。中世に至り、修験道の影響をうけ、神仏混淆《しんぶつこんこう》の聖地とされましたが、明治以降は焼火神社として継承されています。

焼火神社は山の中腹に鎮座しています。私は一度、この神社に参詣し宮司さんに取材させていただいたことがあります。参詣はちょっとした山登りです。カルデラの海に臨み、火山の山道が神社の参道になっているというなんともワイルドな神社です。

焼火神社

社殿が建てられているのは山の中腹です。火山噴火物が固結してできた荒い岩肌の崖があり、そこに自然にできた空洞に、社殿の半分を埋め込むという趣向をこらした神社です。

カルデラ内部の火山に鎮座し、焼火山と呼ばれているのですから、火山にかかわる信仰があるのかと思っていたのですが、山上の神社（江戸時代は神仏習合の寺院）で灯される火が船人から灯台がわりに重宝がられたことによって、焼火山と呼ばれるようになったと教えてくださいました。

カルデラの外輪山の島で囲まれた内海は、江戸時代、北前船《きたまえぶね》の風待ち港として重宝されました。焼火山が全国的な知名度を得ていたことは、歌川広重の連作浮世絵「六十余州名所図会」のひとつであることからもうかがえます。

旧石器時代、隠岐諸島は陸続きでした。それが日本史のうえで意味をもつのは、この島が黒曜石の大産地だったからです。

氷期である旧石器時代、瀬戸内海は陸化していたので、中国地方、四国、九州がつながった広大な世界ができていました。旧石器時代に視点をすえると、隠岐はさみしい離島どころか、現在の四国、九州をふくむ広い地域の人びとの行き交う、メインロードの最終目的地だったのです。

焼火山の特徴のある山容が視界に入ったとき、彼らは黒曜石のある土地に到着したことがわかったはずです。江戸時代の船頭が焼火山の山容や灯りを目当てに、船を操ったことに似て、旧石器時代の焼火山は、人びとを黒曜石の産地へと誘《いざな》う〝灯台〟だったのかもしれません。

やがて黒曜石産地は島となり、文字通り、遠い存在になってしまいましたが、縄文人は丸木舟で危険な海を渡り、黒曜石を持ち出していたことが判明しています。黒曜石にはそれだけの価値があったのです。

## 神々の系譜と貴石のネットワーク

十六もの式内社が鎮座していた隠岐国は、宗教的に特別な島です。その理由のひとつとして、列島屈指の黒曜石産地であった歴史を考えてみました。同じことが、伊豆諸島についても当てはまると思うのです。伊豆諸島の島々に鎮座している式内社の数は、少なく見積もっても二十数座に及びます。古代社会において、太平洋に浮かぶ伊豆諸島に政治的、軍事的な重要性はないのですから、式内社の多さは一層、謎めいています。

伊豆地方で最大の黒曜石産地は、神津島ですが、こちらは旧石器時代にも陸続きにはなっていません。とはいえ、一〇〇メートル以上、海水面が低下していた時期ですから、陸地との距離は狭まり、島の面積は今よりもずっと広がっていました。神津島は周辺の島と陸続きになり、現在の伊豆半島くらいの大きな島になっていたという復元説もあります。

神津島から南西六キロメートルの無人島（恩馳島《おんばせじま》）近くの海底に、大きな黒曜石の岩脈《がんみゃく》があることが知られています。旧石器時代の黒曜石産地は、今の神津島を中心としてずっと広いエリアだったのです。隠岐諸島のまわりに未知の産地があるかもしれないという疑念が生じるのは、この実例があるからです。

神津島という島名の由来について、三嶋大社の縁起である「三宅記」は、「そこに神々が集まられて島々を焼き出される相談があった島なので、神あつめ島（「神あつめ島」＝神津島）と名付けられました」（林田憲明『火山島の神話』所収の現代語訳／未知谷）としるしています。

諸国の神々が出雲に集まる伝説の「伊豆版」というおもむきですが、神々（遠い昔の人びと？）が海を渡って、この島に集まったのは貴重な黒曜石を入手するためでした。

神津島に鎮座する物忌奈命《ものいみなのみこと》神社、阿波命《あわのみこと》神社は、「延喜式」に記載されているだけでなく、名神大社《みょうじん》という格上のランクをうけています。九世紀に神津島の火山が噴火していることがその理由とされていますが、黒曜石の産地としての長い歴史にも目を向ける必要を感じます。

国譲りのあと、オオクニヌシのふたりの息子が、諏訪、伊豆に逃げたという神話と伝説があり、その土地に歴史のある神社が鎮座しています。神社にかかわるこのようなデータを日本列島の「ものづくり」の歴史のなかに置いてみると、ひとつの事実が浮かび上がることを、この章では確認できたと思います。

出雲のオオクニヌシ、諏訪のタケミナカタ、伊豆のコトシロヌシ。この三神に代表される「国つ神」の歴史は、旧石器時代にはじまる黒曜石の歴史と重なり合っているということです。この三神の親子関係、兄弟関係は、黒曜石にかかわる地域間のつながりが、血縁関係として表現されているようにも見えます。

タケミナカタが黒曜石の神であるならば、翡翠の女神ヌナカワヒメとの親子関係を、こうした貴石のネットワークの一環として理解することも可能となります。太古からの断層活動がもたらした天然の道を行きかう人びとは、黒曜石や翡翠とともに「神」にかかわる何かを運んだのではないでしょうか。

地球上に存在する石のなかで、黒曜石は最良の石器素材です。日本で採れる美しい石のなかでも、翡翠の神秘的な輝きは最も人びとを魅了しました。大地の恵みである貴重な石が動いた道に、「神社のはじまり」が見えたとしても、それはごく自然なことだと思うのです。

# 第五章　海の底に眠る出雲

## 出雲大社も断層のうえに鎮座する

前の章では、諏訪大社、伊勢神宮外宮、大神神社が、大きな断層のラインのほぼ真上に鎮座していることを確認しました。

出雲大社も断層の真上に鎮座しています。「大社衝上《しょうじょう》断層」と名付けられている大きな高低差をもつ断層です（「衝上断層」とは断層の分類用語で、断層面の上側が持ち上がる「逆断層」の一種）。

「五万分の一地質図」を見ると、大社衝上断層という名称そのままに、断層のライン

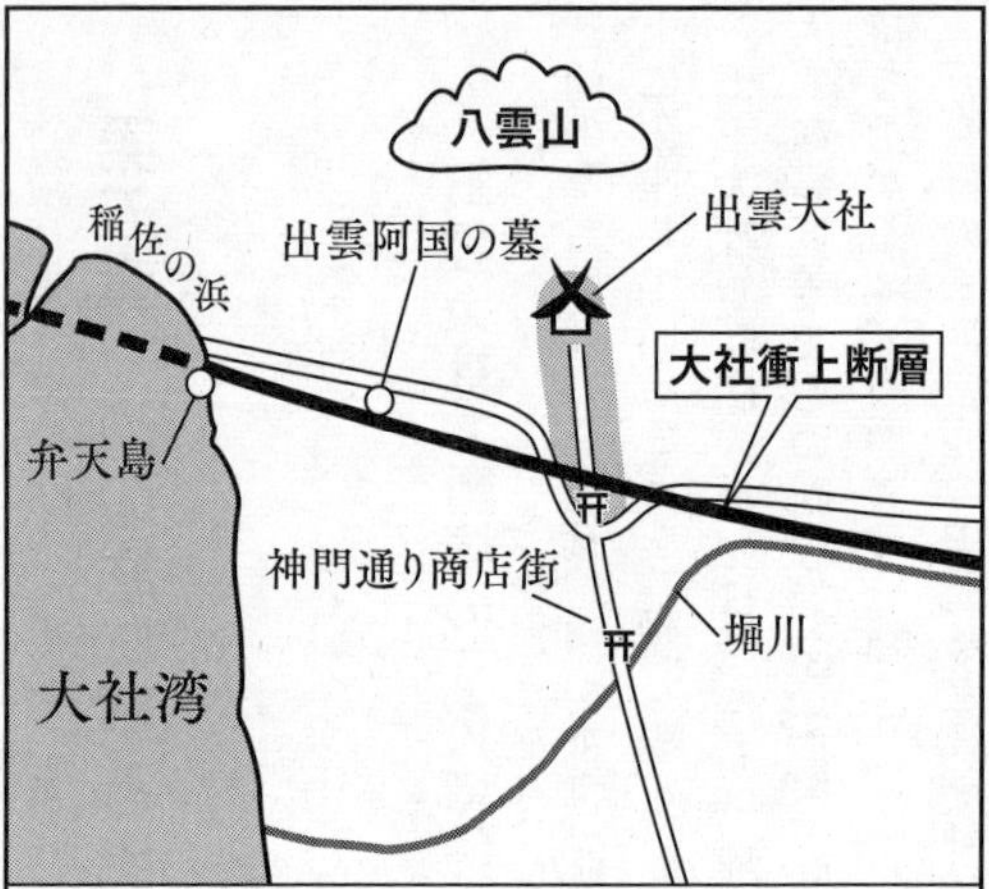

大社衝上断層は参道と交差している。

は出雲大社の境内を東西方向に横切って、山裾に沿ってのびています。

出雲大社の本殿へ向かう境内の参道はゆるやかな下り坂で、全国でも珍しい「下り参道」になっています。門前の商店街からまっすぐにつづく参道は、断層のラインとほぼ垂直に交わっています。出雲大社を参詣する人は必ず、断層を横切ることになります。

けっして小さな断層ではありません。それは出雲大社の風景から読みとれることです。

参道を本殿に向かって歩くとき、出雲大社の背景となっている弥山《みせん》山地の山々が目に入ってきます。東西に連なる標高四〇〇～五〇〇メートル前後の山地が、大社衝上断層の活動によって隆起した地形です。急峻な傾斜をもつ山並みがほぼ直線に並んでおり、高角度の逆断層に特有の、巨大な屛風のような風景をつくりだしています。

大社衝上断層は、比較的近い過去に地震が起き、近い将来の地震が懸念される「活断層」ではありません。

『松江市史　史料編①自然環境』に、島根大学の地質学者が書いている解説によると、この地域には、断層の運動によって生じた一〇〇〇メートル以上の落ち込みが見られ、「日本海形成時の大陸の分裂時にできた構造（地溝帯）の名残と考えてよい」というのです。

日本海の形成とは、大陸の東端に生じた亀裂に海水が流れ込み、やがてそれが巨大な汽水湖になり、そして海になるという一連の変動です。日本海ができたとき、日本列島の形成がはじまったともいえます。

『松江市史』の説明が正しければ、日本列島の誕生という地質学的な「国産み」の時代にできた断層のうえに出雲大社が鎮座しているということになります（この説と年代については否定的な見方もある）。

大社衝上断層と命名されているくらいですから、断層と神社の位置関係がこれほどはっきり示されている事例はありません。これまであまり話題にされなかったのは、大社衝上断層が、近い将来の地震が懸念される活断層ではないからだと思います。ただし、大社衝上断層の東側に連続している地形については、活断層かもしれないという指摘があります（『新編　日本の活断層』活断層研究会／東京大学出版会）。

## 聖地の条件

それにしても、なぜ、断層のうえに出雲大社は鎮座しているのでしょうか。

まず、考えられるのは、旧石器時代、縄文時代にさかのぼる古道があった可能性です。大社衝上断層は現在の地図のうえでは、門前の商店街と交差している国道四三一号、宍道湖《しんじ》の北岸を松江市に至る一畑《いちばた》電車の路線とほぼ同じ方向です。ほかの断層地形で話題にしたように、大社衝上断層も山裾の直線地形をつくりだしているので、そこに道ができるのは自然なことです。

しかし、それだけではないはずです。

現代の科学的なデータとしては把握できないとしても、断層の境界面には、私たちの精神作用に影響をもたらす何かが存在するのかもしれない——。それくらいのことは、可能性のひとつとして視野に入れておくべきだと思います。

地震列島の日本は世界有数の活断層エリアですが、そのなかでも密度の濃淡ははっきりしています。ネット上にも出ているので、「活断層マップ」を見ていただければ一目瞭然ですが、列島最大の密集地帯は長野、新潟県をふくむ中部地方、北陸地方、関西地方の北半分にだいたい当てはまります。日本列島のなかで、活断層が目立って少ないエリアのひとつが関東平野です。

活断層の密度と宗教的な歴史は相関関係があるように見えます。関東は鎌倉時代、江戸時代から現在に至るまで、日本の政治、経済で重要な場所であるにもかかわらず、全国に信仰圏をもつような神社、寺院がほとんど見えないこともひとつの傍証です。

大社衝上断層は、出雲大社北側の山地部と神社の南側に広がる平野部を分ける境界線になっていますが、「五万分の一地質図」で山地部のほうを見ると、大社衝上断層と同じ東西の方向に、五、六本の断層が走っていることがわかります。スサノオとアマテラスを祭神とする日御碕《ひのみさき》神社、中世には出雲大社の運営にもかかわっていた鰐淵《がくえん》寺《じ》など名だたる寺社が、こうした断層に近接しています。いずれも活断層ではありませんが、出雲大社の北側一帯が断層の密集地であり、宗教的な歴史の色濃いエリアであることは明らかです。

地下深くの世界は、太陽系宇宙や海の底よりもはるかに多くの謎が秘められているともいます。地下の世界は直接、観察することが難しいからです。それでも活断層の存在など、多くのことが判明しているのは、何千メートルもの穴をあけるボーリング調査に加え、地点ごとの重力異常によってマグマ由来の岩石のありかを調べたり、音波や電磁波の流れ方を測定したり、さまざまな間接的な調査技法が開発されているからです。

色彩の領域には目に見えない赤外線や紫外線があり、音声の領域に耳に聞こえない周波数があるように、人間の普通の感覚では把握できない、かすかな波形が自然界には存在しています。

雑音と邪念にみちあふれた現代とは違い、静寂の支配する太古の時代において、人間が自然界から感知できる領域ははるかに広かったはずです。原初の能力によって断層にかかわる何かが感知され、そこが聖地とされた歴史がなかったとはいえないと思います。

明治半ばに来日し、日本に帰化することになったラフカディオ・ハーン（小泉八雲《こいずみやくも》）は、各地の神社を訪れ、霊的な感受性にあふれた報告を残しています。たとえばこの文章です。

そのような形と色をした、田舎にぽつんと孤立した社は、建具師の拵えたものというより、その土地の一風物のような感じがする。岩や木が自然と密接に結びついているのと同じくらい自然と密接に結びついた田舎の姿という感じがする。その土地の原始時代の神であった大地神 the Earth-God の顕示として存在するにいたったなにか、という感じがするのである。（中略）

私自身についていえば、私は自分一人で神社の社頭に立つ時、自分がなにかにつかれているような感じを受ける。それだけそこに目に見えず現れたものの知覚作用という可能性を考えずにはいられない。（『日本の心』所収「生神様」）

歴史ある神社にみなぎっている聖なる感覚とは、神職の方々がその土地を掃き清め、祈りをささげつづけた長い歴史によって形成されるのでしょうか。それとも、もともとそこに聖地としての資格、いわば地質的な条件があったのでしょうか。あるいは、その両方の相乗作用なのか。これはとても難しい問題で、一人ひとりが自分なりの答えをもつしかないのかもしれません。

ラフカディオ・ハーンは来日直後、松江市に住み、英語教師をしていました。もともとジャーナリストであったハーンは、出雲大社に取材を申し込み、千家尊紀《たかのり》宮司（銅像のある千家尊福の弟）にインタビューしています。その成果は「杵築——日本最古の神社」というタイトルで発表されています。

「この杵築の大社は」と私は尋ねた。「伊勢の大神宮よりも古いのでしょうか」「遥かに古うございます」と宮司は答えられる。「そもそもいつ建てられたと申せぬほど古い」

宮司へのインタビューを終えたあと、ラフカディオ・ハーンは、案内の神職たちといっしょに、歩いて稲佐の浜へ向かっています。そのようすは、「海水浴場として賑わい、華やかな旅館や小綺麗な茶店が並んでいる」と記録されています。稲佐の浜の界隈については、どうやら今よりも人出が多いような印象です。

## 神在月とウミヘビ

出雲大社から海のある西に向かって歩くと、十五分ほどで稲佐の浜ですが、この道は大社衝上断層にほぼ沿っています。断層の道は、出雲大社と海を直結しているので

稲佐の浜にある弁天島

す。国譲り神話の舞台とされるこの浜は、旧暦十月（神無月）、全国各地から出雲を訪れる神々を歓迎する神迎神事《かみむかえしんじ》が行われる聖地でもあります〔巻頭カラー写真〕。

　稲佐の浜の波打ち際に、六、七メートルくらいの大きさの丸っこい巨岩がたたずんでいます。弁天島《べんてんじま》と呼ばれていますが、満潮のときでも岩の足下を波が洗うくらいですから、島というより岩です。小ぶりの鳥居がすえられているので、祭祀の対象であることがわかります。

　弁天島はごつごつした岩肌をした、流《りゅう》紋岩《もんがん》質の火山岩です。日本列島の原形が大陸から分離してまもない時期の、海底火山の噴火でできた岩であることがわかっています（この地域の地質区分では「中新世・

成相寺層《じょうそうじそう》」)。本稿で主な話題としてきた花仙山の火山、熊野のカルデラ巨大噴火と同じ時期の火山活動です。

白砂の広がる浜辺で、すこし赤味を帯びた弁天島はとても目立っていますが、「五万分の一地質図」を見ると、この巨岩と接するように大社衝上断層が走っています。断層のあるところに、日本列島形成時の火山岩がぽつんと存在しているのは何とも不思議な光景です。何か因果関係があるはずです。

旧暦十月、八百万《やおよろず》の神々が出雲の国に集まるので、各地の神社は留守になる。神が不在となるので神無月《かんなづき》といい、出雲だけは神さまが大勢いる月なので、神在月《かみありづき》という有名な話があります。

学術寄りの解説を読んでみると、神無月と神在月の話は、出雲大社の下級神職(御《お》師《し》)が広めた俗説であると否定しています。それによると、梅雨と重なることもある水無月《みなづき》(旧暦六月)に水が無いのはおかしいから、「な」は「の」(英語ではof)の意味で、ほんとうは「水の月」のこと。それと同じように、十月の神無月は秋祭りの時期だから「神の月」を意味する。あるいは、初穂を供えるので「神嘗月《かんなめづき》」。一応、筋は通っています。

しかし、神無月と神在月の話が語呂合わせであったとしても、出雲は神々の集う場所としてふさわしいという認識が日本人に広く共有されていたからこそ、そうした俗説が広がり、定着したといえます。その事実のほうが、出雲の歴史においてはるかに本質的だと思います。

私はかねてより、神迎神事についてささやかな疑問というか違和感をいだいていました。全国の神々を出迎えるセレモニーの会場が、どうして、かがり火をたいた夜の砂浜なのかということです。すべての神々が海から来ることはないと思います。空から来訪される神さまもいるはずですし、近場の神さまは歩いてこられるはず。その場合、出雲大社を通過して浜辺に行くことになり遠回りです。

神事のうえでの「設定」にすぎないではないかと言われるかもしれませんが、「設定」としても不自然だと思うのです。

近年はそうでもないようですが、この神事の季節には、出雲地方の浜辺にウミヘビが漂着することが多かったといいます。ウミヘビを見つけた地元民や漁師は、出雲大社など神在祭をおこなう神社に奉納する決まりになっているそうです。ウミヘビは龍蛇《りゅうじゃ》と呼ばれ神聖視されています。

「龍蛇は神在祭において、神々の先導役もしくは龍宮からの使者と信じられている」（品川知彦「神々が集う――出雲の神在祭」〔『出雲大社――日本の神祭りの源流』柊風舎）所収）という神話めいた話が地元には伝わっています。

神在祭のとき、参詣者は神社に安置されている龍蛇を拝むとともに、その姿が刷られた龍蛇札を授かるのだそうです。「神社から授かった龍蛇を家で祀る場合も見られる」（同）というので、実物のウミヘビはご神体に近い扱いをうけていることになります。

それにしても、なぜ、出雲大社にとって最もたいせつな神事のひとつにおいて、神の使者は海から来るのでしょうか。さらにいえば、出雲の歴史において、最も重大な局面である国譲りの交渉は、なぜ、稲佐の浜で行われる必要があったのでしょうか。

稲佐の浜は海水浴場にもなっている美しい砂浜です。しかし、夏は太陽光線を砂が反射して暑く、冬は海風が吹きすさび、砂が舞い散るようなところです。政治的な交渉の場所としてはまったく適していません。

オオクニヌシは日本列島（あるいは出雲世界）を代表する「王」として、高天原から来たアマテラスの使者に対面しているのです。

ひとつの国の支配権をめぐる重大な外交交渉の会場です。それにもかかわらず、なぜ、交渉の舞台が、今は海水浴場になっている砂浜であるのか？　ここにこそ、出雲大社の謎を解き明かすヒントがあると思うのです。

国譲り神話が、歴史的な事実を背景とする伝説であっても、架空の物語であるとしても、同じ疑問を抱かざるをえません。

## 神話が生まれる「核」となる何か

オオクニヌシとその息子たちは苦渋の決断によって、土地を譲渡したにもかかわらず、アマテラスの孫ニニギは出雲には目を向けようともしません。九州南部の日向《ひむか》(古くは宮崎県、鹿児島県と熊本県の一部をふくむエリア)を「天孫降臨」の舞台に選び、そこに住む女性と婚姻をむすびます。九州で世代をつなげたアマテラスの子孫は、神武天皇のとき奈良盆地に攻め上って、今につづく天皇家の歴史がはじまるという話になっています。奈良県にある橿原神宮は、その神話的歴史を顕彰するため、明治時代になって建てられた新しい神社です。

島根県民にすれば、「オオクニヌシがせっかく土地を明け渡したのだから、責任をもって住んでくださいよ」とクレームを入れたくなる話です。

「古事記」が描く歴史は、イザナギ、イザナミによる「国産み」にはじまり、テンポ良く展開し、神話と歴史がグラデーションのようにつながって、飛鳥時代の推古《すいこ》天皇の治世に至ります。原因と結果がそれなりに説明されており、首尾一貫したストーリーをかたちづくっています。

「古事記」を歴史物語として読む場合、最大の障壁は出雲を舞台とする「国譲り」の直後にあります。なんの説明もなくそれまでの出雲の話題は放棄され、「天孫降臨」によって舞台は九州に変わってしまうからです。

国譲りと天孫降臨のあいだに大きな断絶が生じていることは、かねてより指摘されている大きな謎です。

国譲りの場面のあと、出雲が歴史の展開にかかわることは一度もありません。例外的にいくつかの場面が出雲に関係していますが、古代史の本流とは無縁のエピソードです。十代崇神天皇が出雲にある神宝を要求したこと、十一代垂仁天皇の皇子ホムツワケが失語症になった原因に出雲の神が関与していること、十二代景行天皇の皇子ヤマトタケルが九州からの帰路、出雲に立ち寄ったことなどです。

国譲り神話については、ヤマト王権と出雲の軍事的、政治的な対立という史実を反映しているという有力な説があります。たしかに、この神話の表層に見えるのは、そうした要素かもしれません。しかし、ここまで検討してきた出雲の歴史を踏まえれば、この神話の起源ははるかに古い可能性があります。

いくつもの時代の記憶が積み重なり、混じり合い、やがてひとつの神話が形成されたのだとしたら？

もしそうであるならば、表面には見えないとしても、国譲り神話の「核」となっている記憶があるはずです。それは何なのでしょうか。

十万年前ともされる砂原遺跡を取材したあと、旧石器時代の日本列島の推定地図をながめているとき、ひとつのアイデアを思いつきました。

国譲り神話は、氷期（旧石器時代）が終わり、温暖期（縄文時代）が始まるという気候の大変動を象徴している――と仮定してみると、いろいろなことが腑に落ちるのではないかということです。

もちろん、私たちが知っている国譲り神話が、ほぼそのままの形で、縄文時代にできあがったというのではありません。縄文時代の記憶がこの神話の素材のひとつ、ただし、「核」となるような重要な素材として混入しているのではないかということです。

国譲り神話とは、出雲の神々が土地を奪われる話であることをもう一度、思い出す必要があります。

氷期が終わり、平均気温が高くなり、海水面は一〇〇メートル以上も上昇しました。海水面の上昇によって、海辺にあった陸地の総面積は大幅に縮小しています。

「土地の消滅」という事態が生じるのは海岸線です。出雲地方でいえば、まさに出雲大社の近くの稲佐の浜――。そこは、神在祭と国譲りの舞台です。

## ノアの箱舟、アトランティス伝説との比較

ノアの箱舟の伝説がいちばんよく知られていますが、世界の各地に大洪水によって土地を奪われた伝説があります。巨大な洪水が住み慣れた土地を襲い、人びとは故郷を捨て、新天地を目指すという物語です。

しかし、川が氾濫する洪水であれば、どれほど被害が大きくとも、やがて水が引いて復旧がはじまるはずです。人類はそうした経験をくりかえしてきました。移住を余儀なくされるほどの大洪水とは、単なる河川の氾濫ではなく、土地そのものの半永久的な消滅を意味しています。そこに謎があります。

欧米には旧約聖書に記録されているノアの箱舟の伝説に、歴史的な事実を探そうとする科学者が少なからずいるようです。一九六〇年代、コロンビア大学の地質学教授は、氷期の終わりにともない、「海水面が一〇〇メートル以上も上昇したとき、海岸近くの低地に住んでいた人びとが洪水のために移住を余儀なくされ、洪水伝承がうまれた」(デイヴィッド・R・モンゴメリー『岩は嘘をつかない――地質学が読み解く

ノアの洪水と地球の歴史』白揚社）という説を唱えましたが、ほとんど相手にされなかったそうです。

氷期のあと、温暖化によって海水面が上昇し、海辺の土地が水没したことは事実だ。しかし、それは非常にゆるやかな変化だった。したがって、古代の人びとが大騒ぎするほどのことではなかったはずだ——。当時の科学者の多くは、そう考えました。

氷期とその後の温暖期とでは、平均気温が七度くらい違っていたことがわかっています。そうした変化は、どれくらいの期間をかけて起きたのか。この問題こそが、気候変動が人類の歴史にもたらしたインパクトの大きさに直結します。

古気候学の研究者である中川毅氏は、「おそらくある一年を境にとつぜん変化した可能性が高い。つまり氷期は、まるでスイッチをパチンと切ったかのように、本当に急激に終わったらしいのである」（『人類と気候の10万年史』講談社）と述べています。

同書によれば、日本にかぎらず、グリーンランドなどほかの地点でのデータをみても、平均気温の七度上昇という劇的な変動に要した時間は、「長くても三年程度」と考えられているそうです。現在、進行している「地球温暖化」では、過去百年ちょっとの間に一度程度、平均気温が上昇したと見られているので、「三年で七度」という気温上昇がいかに激烈な変動であったかは想像を絶するほどです。

中川氏は地質学的な年代決定の分野で、世界で最も正確な情報を提供している水月《すいげつ》湖（福井県若狭町《わかさちょう》）の湖底堆積物（年縞《ねんこう》）の研究者です。そのデータから、突然、気候が変わった年が見えるというのです。それは、今からおよそ一万千六百年前のある年というところまで絞り込まれています。

縄文時代のはじまりをどこに置くのかということについても、学界内に異なる見解があって一般読者を戸惑わせていますが、急激な気候変動にともなう、新しい生活様式を縄文文化とする説に立つならば、そのはじまりは古気候学のデータが示す一万千六百年前のある年からです。まるで芝居の幕が上がるような鮮烈なイメージです。

氷期が終わったあと、海岸線の土地が浸食される現象は、気温が上昇して陸地にあった氷が溶けることによるものですから、こちらも従来、考えられていたよりも、短期間のうちに起きた可能性が高まっているのです。

ノアの箱舟の洪水伝説がこの現象に由来するという説は近年、再評価されているそうですが、アトランティス島の伝説についても、同じ時期の気候変動が関係しているのではないかと言われ始めています。

ギリシャの哲学者プラトン（紀元前四二七〜三四七年）が、「ティマイオス」という著作に記したところによると、大西洋にあったアトランティス島が消滅したのはプラトンの生きた時代から九千年前のことだといいます。この年代は、プラトンの師匠であるソクラテスとその弟子との対話のなかで出ていることで、ギリシャのある賢者がエジプトの老神官から聞いたことを、その弟子の祖父が知っていたという、説明が困難なほど又聞きに次ぐ又聞きの情報です。

プラトンは今から二千四百年ほど前の学者ですから、単純計算すると、アトランティス島が消滅したとされる年代は、氷期の終わった一万千六百年前ごろとおおむね一致するのではないかということなのです。

アトランティス島に未知のスーパー古代文明があった云々《うんぬん》の話は空想がかった物語であるとしても、氷期の終わりとともに海底に飲み込まれてしまった島が大西洋にあったことは科学的に想定できるのです。

氷期の終わりにともなう海面上昇は旧来の理解とは異なり、きわめて短い期間に起きた大変動であったことが判明しつつあります。人類が文字を使いはじめる前のことなので、直接の記録は残っていません。しかし、これは世界史における空前の大事件であり、その激動のなかに日本列島民も確実に巻き込まれました。

## 増殖する海との闘い

海面の上昇と土地の浸食は、世界中のあらゆる場所で、同時に起きた事態ですが、日本列島は四方を海にかこまれているので、その影響がとくに大きかったことは容易に想像できます。そのなかでも、出雲地方の〝被害〟は甚大だったはずです。

何よりも大切な黒曜石の産地が、拡大した海によって陸地から分断されたからです。隠岐諸島の周辺に黒曜石産地があったとしたら、そこは海に飲み込まれたに違いありません。衝撃と悲嘆は、いかほどだったでしょうか。

出雲地方の〝被害〟の大きさは、平地面積の縮小からも見えてきます。

旧石器時代でも最も寒かった二万年ほど前（最も陸地が拡大していたころ）と縄文時代の中ごろ（最も海が拡大していたころ）の推定復元地図を比較しただけの大ざっぱな話ですが、島根県域の平地面積は十分の一くらい縮小しているように見えます。

大社衝上断層によってできた低地の地形は、海水を誘い込む通路になってしまいました。出雲大社の門前町の商店街（神門通り）が終わり、境内の参道がはじまる場所にある鳥居を、勢溜《せいだまり》の鳥居といっていますが、「勢溜」という文字をみるだけでも、池や沼地の風景がみえてきます。やや高台になっているこの鳥居より下に位置する門

出雲大社・勢溜

前商店街は、この時期、水浸しだったはずです。

海面上昇によって、日本海の一部となってしまった島根県沖の平原。海水に浸ってしまった出雲平野。そこは旧石器時代の人びとの生活の舞台でした。彼らは定住生活者ではないので、土地を海に奪われたとしても、ほかの場所に移動すれば、それで解決するようにも思えます。しかし、それでも安心はできなかったはずです。

海の拡大はその後も長期間にわたって続いているからです。「縄文海進」です。

私たちは平均気温の上昇が縄文時代の半ばにピークをつけ、その後、やや下がって現代と同じくらいの気候になったことを知っています。それと連動して海水面は低下し、埼玉、群馬など海なし県にまで広がっていた東京湾も次第に縮小し、現在のかたちにおさまりました。

しかし、未来を知らない縄文時代の人びとは、平均気温の上昇とそれにともなう海の拡大、陸地の縮小がいつまでも続くという恐怖をいだいていたかもしれません。いつの日か海がすべての陸地を飲み込み、この世界が消滅するのではないか——。小松左京の『日本沈没』ではありませんが、自分たちの住む土地がいつの日か、海に飲み込まれるのではないかという恐怖は、現実のものであったと思います。

旧石器時代が終わり、縄文時代が始まってからずっと、出雲大社の鎮座する島根半島の突端は、海と陸がせめぎ合い、陸が退却を重ねるという現場の最前線でした。出雲大社の鎮座地である島根半島が陸地から切り離され、完全な島になっていた時期さえあるのです。県名である「島根」はそこに由来するという説があります。「島根」は風土記にもみえる古い地名です。

先に紹介したように、「出雲大社境内遺跡」の発掘によって、この地に縄文人の暮らしがあったことは確かめられていますが、信仰にかかわる行為があったかどうかはわかりません。祭祀めいたことがなされていたとすれば、どのようなものだったのか。それは海のこれ以上の拡大を阻止するための祈りだった——と想像してみるのはどうでしょうか。

日本海を向いて祈るとしたら、その場所は稲佐の浜です。国譲り神話の舞台であり、諸国の神々を迎える神在月の神事の祭場と重なり合っています。

## 泣きいさちるスサノオ

出雲大社の鎮座地は海岸線に近い場所であるにもかかわらず、オオクニヌシには海の神としての性格は見えません。考えてみると、これは奇妙なことです。

漁業神、航海神になっているのはその長男とされるコトシロヌシです。国を奪われるかどうかという緊迫した国譲りの場面でも、のんきに魚釣りをしていました。桁外れののんきさですが、泰然自若を超えた大物ぶりが伝わってきます。国譲りの交渉が終わると、乗っていた舟を傾け、呪術めいた仕草とともに海の底に消えたように『古事記』にはしるされています。

出雲系の神々のなかでもうひとり、海にかかわるのはスサノオです。現在の出雲大社では、本殿の背後にある小さな素鵞社《そがのやしろ》で祀られていますが、中世の一時期、スサノオが出雲大社の主祭神とみなされたこともあります。

スサノオは三人（三神）きょうだいの末っ子です。父神イザナギは三神にそれぞれが治めるべきエリアを命じました。アマテラスは高天原、ツクヨミは夜の国、スサノオは「海原《うなばら》」です。

スサノオがこの決定に不満だったのかどうかはわかりませんが、すさまじい勢いで泣きつづけ、青山は枯れ山となり、海や川は乾上《ひあ》がるほどだったというのです。まるで巨大な嵐です。当然のことながら、「海原」を担当した神であるにもかかわらず、スサノオに航海安全を祈る漁業関係者、海運関係者はいません。昔もいなかったと思います。

スサノオの担当が「海原」であったこと、それにもかかわらず、漁業神、航海神になっていないことは、出雲大社と海との微妙な関係に似ています。

『古事記』によると、父神イザナギは、「海原」を治めようとせず、泣いてばかりいるスサノオに怒って、なぜ、「泣きいさちる」のかと理由を問いただします。現代語訳では「泣きわめく」、すなわち号泣です。

『日本書紀』の本文は、スサノオの性格について、「勇悍《ゆうかん》」な神であり、「常に哭泣《な》くを以《も》ちて行と為す」としるしています。「常に大声で泣くことを仕事としていた」と現代語に訳されていますが、泣くことを仕事とする神とは、いったいどのような存在なのか。しかも、この神は勇ましい男神であることも強調されているのです。

明治以降、スサノオの号泣についてはさまざまな解釈がなされ、台風や嵐、あるいは地震、火山の噴火とする説が提示されています。

しかし、出雲の歴史にひきつけて考えてみると、違った風景も見えてきます。氷期が終わり、温暖な縄文時代がはじまろうとする時期の気候変動は急激で、今年まで陸地だったところが、次の年には海になっている。次の年も、また次の年もという具合に陸地が奪われていきました。

その時代を生きた人びとは、それをどのように解釈したのでしょうか。ものすごく大きな体の神さまが「海原」に住んでいて、大泣きをつづけている。だから、その涙で海はすこしずつ広がっているのだ。そう考えた人がいたのかもしれません。

「泣きいさちるスサノオ」を、海の水量を増やし、陸地を海に変えてしまうほどの、とてつもなく巨大な号泣と考えることもできます。それは氷期であった旧石器時代が終わり、温暖な縄文時代のなかで徐々に進行した「海の増殖」だったということになります。

「スサノオの号泣＝縄文海進」説は、すでに指摘されていることかもしれませんが、出雲大社の立地場所を考えるとき、ひとつの視点になりうると思います。

出雲の人たちは、スサノオの号泣によって土地を奪われ、アマテラスが主導した

「国譲り」によって、それがくりかえされたようなものです。

ふたりは、仲が悪いようにみえても姉と弟です。共犯関係にあるとまでは言えないとしても、同じような行動パターンになることはありうる話です。

分析的な表現をすれば、アマテラスとスサノオの性格には、旧石器時代の終わりから縄文時代のはじめごろの急激な気候変動についての、日本列島民の記憶が反映されているのではないかということです。

なぜ、こうした神話的記憶の舞台として、出雲が選ばれているのか――。そこが最大の問題となります。

## 出雲は旧石器時代の〝首都〟だったのか

遺跡の分布状況などから、時代ごとの地域人口を推計する議論があります。すると、後期旧石器時代（約四万年前～一万数千年前）の日本列島の人口は中国やインドよりも多くなってしまうという一種の笑い話があります。しかし、笑ってすませることのできない問題をこの話はふくんでいます。

日本列島に一万四千を超える膨大な数の後期旧石器時代の遺跡があることは、ほかの国の研究者からも注目されています。アジア旧石器協会主催のシンポジウムで、この分野の権威であるケンブリッジ大学のポール・メラーズ教授は、この時期の日本列島について、「遺跡の密度は世界一」と発言しています（読売新聞二〇一一年一二月七日付朝刊）。

この密度は世界全体の考古学データのなかの〝異常値〟であり、さまざまな解釈がありますが、旧石器時代が専門の佐藤宏之氏はこう述べています。

この数は、世界的にみても突出した数値であり、密度となる。日本で行われている考古学的調査（埋蔵文化財の行政調査が主体）の量と質がきわめて高い水準にあることを割り引いても、日本列島の氷期は、周辺大陸などにくらべて生活しやすかったことを示唆していよう。（『旧石器時代——日本文化のはじまり』敬文舎）

後期旧石器時代の日本列島は、世界で最も人口密度の高い地域であった可能性があるのです。海流の影響などで、大陸エリアよりは比較的暖かだったことに加え、黒曜石をはじめとする石器素材が豊富であることが、その理由だと思われます。にぎやかな日本列島のなかでも、きわだった繁栄の土地が出雲だったのではないか——。私はそう考えてみました。

国も都市もまだ存在しない旧石器時代のことですが、あえて比喩的な表現をつかえば、旧石器時代の日本列島の〝首都〟は出雲だったということです。

首都とは、ひとつの国における人口の集中地域であり、文化の先進地であり、諸外国との交流の窓口としての機能をもっています。旧石器時代の出雲は、そうした土地だったと考えてみたいのです。

旧石器時代とは、「石」の時代です。良い石があるかどうかで、その土地の価値が左右される時代です。出雲には、隠岐の黒曜石、花仙山の玉髄というふたつの石器素材の産地がありました。いずれも日本列島で屈指のすぐれた石器素材であり、それを求めて各地の人びとが集まっています。第二章で取り上げた東北地方からの移民もそうした事例のひとつです。

氷期にも日本列島が完全に大陸とつながることはなかったといいますが、寒冷化が一段ときわまった時期の冬の季節には、厚い氷の〝橋〟によって、ヒトや動物は大陸と日本列島のあいだを往来していたのかもしれません。

大陸との往来の起点であることも、旧石器時代の出雲に首都的な性格を与えていた可能性があります。しかし、縄文時代になると、大陸と日本列島との距離は大きく広がり、徒歩による往来は不可能になりました。

旧石器時代の出雲が繁栄の大地であったという見方が正しいとしても、それは海底に消えた平原をふくむ、ものすごく広大な出雲エリアです。ナウマンゾウに代表される大型草食動物の群れなす平原は、当時としては多くの人口を支える経済的な基盤であったと想定することができます。

諏訪湖の湖底で大量の石器が発見された曽根遺跡は、旧石器時代の末期から縄文時代にかけての遺跡ですが、諏訪湖の水面が広がったことにより、水の底に隠されていました。同じように、島根県の沖合の海底には、旧石器時代の人びとが活動した痕跡を示す遺跡、黒曜石の石器が数多く残されているに違いありません。

しかし、費用や技術的な問題から、水中遺跡が詳細に調査される可能性は乏しいと思います。漁船の網にかかるなどして偶然に見つかるナウマンゾウの骨だけが、海底に眠ったまま、忘れられている〝島根県沖旧石器遺跡群〟の存在を示唆しています。

後期旧石器時代から縄文時代のはじまりまでの三万年くらいのあいだ、旧石器人が、海の風景、産物、自然現象にまったく無関心であったとは思えません。私たちが海の存在感に強く惹かれるように、旧石器時代の人びとも、物質面ばかりではなく精神面においても、さまざまな形で海とかかわっていたと思います。しかし、それを知るための考古学データはほとんど存在しないのです。

## 気候変動から読み解く日本神話の謎

隠岐の黒曜石産地が陸地から分断され、大型草食動物の群れなす平原も失われたとき、出雲は人びとをひきとめるだけの魅力を失いました。

旧石器時代の西日本でいちばん繁栄していた土地は、海に沈んだ平原をふくむ広大な出雲エリアであったとしたら、縄文時代の西日本において、最大の繁栄地は九州南部すなわち日向です。出雲のほうは半ば推測ですが、九州南部の繁栄については確実なデータがあります。

人口研究を専門とする鬼頭宏《きとうひろし》氏の『図説　人口で見る日本史』(ＰＨＰ研究所)によると、縄文時代のあいだ、九州南部は西日本で最も人口の多いエリアでした。これは遺跡の数などにもとづく、推定人口です。のちの時代、日本の首都となる関西地方、福岡県のある九州北部、瀬戸内にある山陽地方よりも、九州南部の推定人口のほうがはるかに多いのです。畿内およびその周辺の合計人口が、九州南部を上回るのは弥生時代になってからです。明らかに、水田稲作の普及にともなう人口の変動です。

霧島山や阿蘇山などの周辺には、歴史時代において、馬や牛の放牧地としてつかわ

南の縄文・上野原遺跡

れた火山性草原が広がっています。そこは日当たりも良く、食料となる動物、植物が豊富なので、縄文人の狩猟採集生活にフィットしていたのだと思います。

一九九七年、鹿児島県霧島市の上野原《うえのはら》遺跡で、縄文時代初頭（一万年くらい前）の大規模な定住集落が発見され、「南の縄文」として大きなニュースになりました。それまで、縄文文化は長野県、青森県をはじめ東日本で繁栄し、西日本にはめぼしい遺跡がないと思われていたからです。上野原遺跡は保存され、周辺もふくめて大規模な史跡公園として整備されています。

九州南部は日向といい、出雲と並ぶ日本神話の主要舞台です。上野原遺跡は霧島火山群のふもとにひろがるシラス台地のうえにありますが、「天孫降臨」の舞台の伝承地のひとつである高千穂峰、その神事を伝える霧島神宮は同じ霧島市内です。

なぜ、「古事記」をはじめとする古代の文献は、天皇の先祖神が地上に降り立つ「天孫降臨」の舞台を、九州南部の日向としているのでしょうか。

「天孫降臨」の神話も、さまざまな時代のさまざまな記憶が混じり合って形成されたのだとしたら、西日本における縄文時代の幕開けについての記憶は、その「核」となるべき重要な素材であると思います。推計人口からみても、狩猟採集に適した草原的な環境からみても、西日本における縄文神話の舞台として、日向ほどふさわしい場所はありません。

九州南部の日向は日本列島でも最大の火山地帯です。古事記神話のなかに火山とのかかわりが見える理由のひとつは、ここにあると思います。

古事記神話の文面のうえでは、出雲を舞台とする「国譲り」から、九州の日向を舞台とする「天孫降臨」へという場面転換はどうしようもなく不自然です。

しかし、氷期の旧石器時代が終わり、温暖期の縄文時代が始まる時期の西日本に視線を向けると、出雲の「国譲り」と九州の「天孫降臨」は、現実の地域社会の浮き沈みと整合的です。

日本列島は狭いとはいえ、それぞれの時代で繁栄の舞台は移動しています。本稿がテーマとする日本列島の四万年史のうえでいえば、西日本の繁栄の中心を、

「旧石器時代＝出雲」
「縄文時代＝日向（九州南部）」
「弥生時代・古墳時代＝近畿」

と整理することができます。

もちろん、気候変動から見た仮説的な整理にすぎないのですが、日本史（正確には西日本の歴史）を俯瞰するひとつの視点にはなると思います。

## もうひとつの創建神話

縄文時代になって、出雲地方の土地が縮小しつづけた現象を、出雲神話とあわせて考えてみたのですが、それとは正反対の土地の拡大を物語るのが「国引き神話」です。「出雲国風土記」の冒頭ちかくに出ている有名な話です。

八束水臣津野《やつかみずおみつの》は、「出雲国は織りはじめたばかりの狭い布のような国だ。もっと縫いあわせよう」といって、まわりの国で余っている土地を見つけて、切り離して、縄にかけ、「土地よ来い、土地よ来い」と言いながら引っ張り、出雲の土地につなぎ合

わせた。それをくりかえすうちに、出雲国の土地はすっかり広くなった——という内容です。国引き神話の主人公であるこの神は、スサノオの直系子孫とされています。

朝鮮半島の新羅《しらぎ》国、高志《こし》（越）の国の土地をもってきたと書かれているので、政治あるいは軍事的な進出とからめて解釈されることが多いようです。また、こうした国や地域との交易を象徴しているという人もいます。

近年、支持率が高まっているのは、「国引き神話」を縄文海進が終わり、海岸線が退いていった歴史として解釈する説です。地元の人たちを中心に、何人かの論者がこうした視点から「国引き神話」を語っていますが、私もこの解釈に賛成します。

「国引き神話」には妙に具体的なところがあって、いくつかの地名を示したうえで、稲佐の浜から海に向かって左手につづく「薗《その》の長浜《ながはま》」は、神さまが引いた綱の跡だというのです。地域に根ざす伝説ならではのリアリティが感じられます。

縄文海進は今から六千年ほど前にピークを越え、出雲大社の南側に広がっていた海もだんだんと小さくなって、縄文時代の末には神門水海《かんどのみずうみ》という湖になりました。三瓶山の噴火のときの噴出物や川が運ぶ土砂によって、湖はさらに縮小し、現在は出雲市にある神西湖《じんざいこ》をその名残としてほぼ消滅しています。

「出雲国風土記」の出雲郡出雲郷（出雲大社の鎮座地）のくだりには、「国引き神話」のつづきの話も出ています。出雲大社の創建についての別バージョンとでもいうべき内容です。

八束水臣津野の命《みこと》の国引き給ひし後に、天の下造らしし大神（引用者注：オオクニヌシの別名）の宮を奉《つか》へまつらむとして、諸《もろもろ》の皇神等《すめがみたち》、宮処《みやどころ》に参り集ひて杵築《きづ》きたまひき。

国引きが終了したあと、神々が集まって、オオクニヌシのための神殿を築いたというのです。

問題となるのは「皇神」です。現代の語感のうえでは、「皇」の字から天皇家にかかわる神のようにみえますが、語源のうえではスメラ（皇）は、皇室とは関係なく、ナンバーワンを示す言葉であるそうです。「岩波古語辞典」は、「皇神」の第一の意味として、「一地域を領する最高の神」をあげています。天皇家にかかわる神ではなく、各地方で最も崇敬されている神ということです。第二の意味を「皇室の祖先神。天照大神《あまてらすおおみかみ》のこと」としています。

「万葉集」では、住吉《すみよし》の神、山科《やましな》の石田《いわた》の神などが「皇神」として読み込まれています。それを踏まえ、「出雲国風土記」のこのくだりは、全国各地でその地域を代表する神々が出雲に集まって、オオクニヌシの神殿を築いたと解釈されることもあります。

神在月の旧暦十月、日本全国の神々が出雲大社に集まって会合するという伝説は、ここに起源があるのではないかと思えるほど似た話に見えてきます。

国引きをなした八束水臣津野の神名に「水」が見えることも、海水面の低下による自然現象とのつながりを連想させます。

しかし、出雲大社は国譲りの交換条件として、造営されることになったと「古事記」ではしるされています。「古事記」と「風土記」は、出雲大社の創建をめぐる異なる伝承をのせているのでしょうか。

出雲大社の創建をめぐって書かれている内容は神々の物語ですから、どちらが正しいとか、どちらが先でどちらが後だとかを論じるのは、無意味であるどころか、野暮なことなのかもしれません。

ただ、出雲地方の地形の変遷にあてはめてみれば、土地を奪われた話は縄文時代の前半の海水面の上昇期、土地が広がるという話は縄文時代の半ば過ぎに該当します。こうした解釈がもし正しければ、国譲り神話が先で、国引き神話が後だということになります。

出雲大社の前身であるかもしれない最初のモニュメントは、土地が失われた敗北感と危機感の表明であると解釈できます。永遠に続くかにみえた海水面の上昇（土地の縮小）が終わり、海岸線の後退（土地の拡大）がはじまったとき、勝利宣言として第二のモニュメントが築かれたのではないか――。大地の歴史からは、出雲大社の遠い前史を、そのように思い描くこともできると思うのです。

第一章で紹介したように、「オオクニヌシ＝怨霊」説の論者だけでなく、研究史のうえで有名な石塚尊俊氏のような堅実な大学教授まで、出雲大社の鎮座地は湿気が多く、ジメジメとした「悪所」であることを強調しています。

でも、それは当たり前です。出雲大社のまわりは、長い間、海だった土地であり、その鎮座地は海水で囲まれた島だったのですから。

なぜ、そうした地理的な条件のうえでの「悪所」に、最も崇敬される神社のひとつが、はじまりも見えない遠い時代から存在しているのか。その謎に対するひとつの仮説を、増殖する海との戦いの歴史として考えてみました。

## 「記憶の神殿」としての神社

地質学と考古学のデータを手がかりとして、仮説と空想を書き連ねてしまいましたが、そもそも私たち日本人は、縄文時代についての民族的な記憶をもっているのかという本質的な問題があります。

ユーラシア大陸では、氷期が終わったあと、農業の開始から国家の形成に至る文明の歴史が展開されました。それに対し、縄文人は相変わらずの狩猟採集の生活ですから、自然と共生するピュアな人たちではあるものの、知的レベルは今ひとつ——という印象があるかもしれません。

縄文海進がピークアウトした今から六千年前とはどのような時代だったのかというと、世界史のうえでは、とっくに国家や都市は出現しており、文字の使用もはじまっていました。当時の先進地域の人たちは鉄器や青銅器をつかいこなし、ビールやワインまで楽しんでいたこともわかっています。

文学作品や法律がタブレット（粘土板、石板）に文字として刻まれるのはもうすこしあとの時代であるとはいえ、日本でいえば縄文時代です。世の中のさまざまなものごとを言葉であらわし記録するという営みは、確実にはじまっているのです。

文字、国家、金属技術、嗜好品、芸術作品。古代文明の先進地をみると、現代社会を構成するさまざまな要素は、縄文時代半ばのこの時期、だいたい出そろっています。日本列島の住民がその後、世界水準の学問や技術にキャッチアップしているところを見ても、その直系の先祖とされる縄文人の知的水準が極端に低かったとは思えません。ただ、文字を知らなかっただけです。

縄文人どころか、旧石器時代の人びとも、日本列島の地理と鉱物資源について相当の知見をもっていたことは、ここまでの検討によって確認できたと思います。彼らが自分たちの住む世界についての、歴史的な知識をもっていなかったはずがない――。私はそう信じています。

縄文時代が始まったあと、日本列島は気候の温暖化にともない、木の実や果実をもたらす森が広がってゆきました。土器づくり、家づくりの技術が普及し、旧石器時代に比べてはるかに豊かで安定した暮らしができるようになったと理解されています。

定住するための家をもたない（ホームレスの？）旧石器人に対して、縄文人は集落をつくり、定住社会を築きました。寒くて貧しい旧石器時代。温暖で明るい縄文時代。そんなイメージが定着しています。

気候の大変動の当事者であった旧石器人は、寒冷期に適応した狩猟生活者です。草原に住む動物を追いかけることが、彼らの人生の大きな部分を占めていました。

ところが、氷期の終わりとともに、草原の多くは森へと変わり、日本列島に生息する動物や植物の生態系は様変わりしました。

森の木々は、縄文人に果実や木の実をもたらしたといわれています。でも、シカをはじめとする草食動物にとって森は住みやすい環境ではありません。草原から森へという日本列島の植生の激変によって、旧石器時代の人びとがもっていた狩猟技術や生活のための知恵が通用しなくなりました。

平均気温の大幅な上昇は数年の間に起きた大変動でした。それをもって縄文時代のはじまりとする説に従うならば、ひとりの人間が前半生を旧石器人として暮らし、後半生は縄文人の日常を生きたという人生があったはずです。

江戸時代に生まれながら、近代日本を生きた明治人の苦悩とどこか通じるものがあると思います。たとえば、福沢諭吉です。夏目漱石はもうすこしあとの世代ですが、生まれた年は江戸時代です。

出雲大社の門をくぐってすぐの場所に、千家尊福の銅像があることは第一章で述べましたが、この八十代出雲国造も江戸時代の弘化《こうか》二年（一八四五年）に生まれて、大正時代に亡くなりました。明治維新で分断される近世と近代という二つの時代を生きた長寿の宗教家でした。

幕末から明治初期にかけて、天理教、金光教をはじめ、神道系の新しい教団が次々と出現しています。千家尊福が出雲大社の宮司を辞し、新教団を設立したのも、こうした宗教的な激動期のことでした。

天皇、貴族が歴史の主役だった古代社会が終わり、武士の時代が始まったころも、宗教的なエネルギーが噴出した時代でした。大陸から新たにもたらされた禅宗系の宗派だけでなく、日蓮宗《にちれんしゅう》、時宗《じしゅう》など日本独自の仏教も誕生しています。

ふたつの時代の端境期に宗教的なエネルギーが沸き立つ理由は、混沌とした状況に人びとが戸惑い、救いを求めるからでしょうか。それとも、今、この時を見定めるための枠組みが必要だったのでしょうか。

自然環境の変化に着目すれば、旧石器時代と縄文時代の境界線こそ、日本列島の歴史のうえにみえる最大の断層です。

近代社会であれば、歴史や哲学を学んだり、文学作品を読んだり、書いたりすることによって、答えを探そうとしたようなアイデンティティの危機を、最後の旧石器人すなわち最初の縄文人はかかえていたのかもしれません。

文字をもたないその人たちは神話を語り、聞き、共有することによって、世界の成り立ちを考えた。重要な土地を定めて、聖地とすることによって、のちの世代に何かを伝えようとした――。「神社のはじまり」を、そのように見ることもできると思います。歴史を語り伝えるための装置、「記憶の神殿」としての神社です。

私たちの先祖である旧石器人、縄文人は、文字をもたない民でした。「古事記」「日本書紀」など最古の文献に、彼らの「声」を探すことがひとつの方法です。しかし、それがきわめて難しい作業であることは明らかです。

神社は、遠い先祖たちの「声」を聞くための、数少ない情報源のひとつです。静寂のなかで耳を澄まし、はるか遠い時間に思いをはせる意味はそこにもあると思います。

## なぜ、オオクニヌシは海を見つめつづけるのか

出雲大社をめぐる謎のひとつに、本殿の内部にあるオオクニヌシの神座《しんざ》が参拝者に向かって正面向きではなく、横向き（方角でいえば西向き）になっていることがあります。出雲大社の公式ウェブサイトでも、本殿内部の図面とともに解説されています。

かつて作家の井沢元彦氏は、出雲大社に幽閉したオオクニヌシの神霊と出雲の民た

ちを疎遠にするための方策として、ヤマト王権は横向きに神座をすえたという説を提示しました。出雲の人びとが一生懸命に祈っても、その声が横を向いたオオクニヌシには届かないようにするためです。言うなれば、霊的な仕掛け（嫌がらせ？）です。

出雲大社で西の方角とは、稲佐の浜のある海の方です。オオクニヌシは参拝者と目を合わすことなく、海の方を見つめつづけているのです。オオクニヌシに漁業神、航海神の性格は乏しいのですから、その理由が問われるのは当然です。

神在月のとき、海から来訪する全国の神々への敬意だという説や、国譲りの屈辱を忘れないためにという説があります。国境警備的な意味をもって、朝鮮半島、中国を見据えているという人もいます。

しかし、大地の歴史のなかで考えてみると、旧石器時代の出雲沖の海が、ナウマンゾウの群れなす繁栄の平原であった歴史は無視しがたいことです。

オオクニヌシの神座が海に向いているのは、出雲の人びとの原郷《げんきょう》が海の底に眠っているからではないか――。この原稿を書き進めるうちに、私は次第にそう思うようになってきました。もし、出雲大社がこの地の記憶を背負った神殿であるならば、そうした解釈に導かれると思うのです。

出雲大社が日本海を望む島根半島の西の突端に鎮座することをもう一度、考える必要があります。稲佐の浜で神在月の神事を執行する神職、信徒の方々が目にしている海は、ただの海ではありません。旧石器時代の人びとが暮らす平原が広がっていたところです。

縄文時代がはじまって間もないころの人びとにとって、目の前の海は何代か前の先祖が暮らしていた場所でした。そうした時期が現実にあったのです。

神在月のとき、ウミヘビが寄り来るのは、海の神が住まう龍宮からの使者であると、出雲の人びとは信じました。その信仰のはじまりにあるのは、海の底に消えた先祖たちの土地への、なつかしい記憶であったのかもしれません。

先祖の暮らした土地が海によって奪われるという出来事は、出雲にかぎらず、ほかの地域でも起きたことです。先祖たちが暮らす死後の世界は海の彼方にあるという「海上他界観」も、日本列島のこうした歴史に重なるような気がします。

## 「神社のはじまり」の日と同じように

出雲大社から稲佐の浜へと向かう道を歩いていると、「出雲阿国《いずものおくに》の道」という案内標識が目に入ります。道沿いに出雲阿国の墓地があるからです。

戦国時代の末期から江戸初頭のころ、出雲阿国という女性がいて、歌舞伎の創始者であると伝承されています。阿国は出雲大社に仕える鍛冶であった中村三《なかむらさん》右衛《え》門《もん》の娘で、出雲大社の巫女《みこ》であったといいます。

歌舞伎にとって重要な名跡である中村の姓は、阿国の本名に由来するともいわれます。一説には、出雲大社の社屋改修の寄付金集めのための勧進興行として諸国をめぐるうちに、その独創的な踊りが評判になったというのです。

出雲阿国の墓

　駐車場もあって、それなりの観光スポットとして整備されていますが、お墓そのものは質素なものです。史実かどうかさえ、その保証はありません。ただ、歴代の歌舞伎俳優や著名な芸能人がたえることなく、阿国の墓を訪れており、芸能関係者にとっての聖地になっているのは確かです。

　朦朧《もうろう》とした伝説めいた話ですが、歌舞伎という日本を代表する芸能が、そのルーツを出雲に求めていると解釈することもできます。歌舞伎が単なる娯楽ではなく、神々の世界との接点をもつ芸能であることを物語っています。

日本列島の誕生と同じくらい古いかもしれない断層に沿った道に、遍歴の遊芸者《ゆうげいしゃ》であった出雲阿国の墓があり、そのすこしだけ先にオオクニヌシを祀る出雲大社が鎮座しています。

この道は出雲大社で宮司へのインタビューを終えたあと、ラフカディオ・ハーンが稲佐の浜に向かって歩いた道でもあり、神在月のとき、諸国から集まった神々が出雲大社に向かう「神迎《かみむかえ》の道」はひとつ隣の道です。神々やさまざまな人たちの思いや時間が凝集し、渦を巻いているかのようです。

出雲大社に入り、参道からすこし左に行ったところに、小さな境内社である野見宿《のみのすく》禰《ね》神社があります。野見宿禰は相撲の神さまです。「日本書紀」によると、垂仁天皇のとき、奈良の当麻《たいまの》蹶《け》速《はや》という豪傑と相撲（というより何でもありの総合格闘技めいた決闘）で優劣を競い、勝利したことによって相撲の始祖と崇められています。

野見宿禰は出雲大社の国造家である千家氏と同じく、国譲り神話に登場するアメノホヒの子孫です。同族という関係で、出雲大社のなかで祀られているのです。

東京・両国《りょうごく》の国技館の近所には、独立した社屋をもつ、野見宿禰神社があります。野見宿禰は実在の人物かどうか確かめがたい神話的存在ですが、相撲の神さまとして、力士たち、親方衆だけでなく、多くの相撲ファンからの崇敬をうけています。相撲も単なる格闘技ではなく、神事の要素を色濃く残しています。歌舞伎と同じように、相撲の始祖も出雲をルーツの地としていることは偶然以上の意味があると思います。

この本では「神社のはじまり」を、日本列島の大地の歴史とともに考えてきました。

玉作りの材料となる美しい石。鋭利な刃物をつくりだす黒曜石。自然湧出する温泉。巨大な噴煙の柱を噴き上げる火山。神社の境内を横切る断層。「神社のはじまり」に関係しているかもしれないあらゆるものが、出雲に存在しています。それは「古事記」の物語や「ものづくり」の歴史によって、諏訪、熊野、伊豆などの聖地とネットワーク状にむすびつき、つながりあい、流動するエネルギーを生みだしているように見えます。

神在月に全国各地から神々が集まるという伝説も、はるかな過去、出雲を起点として広がり、また出雲に戻るという、無限につづく精神史として理解できると思います。

すべての道は出雲に通ず――。しかし、それは人間の目には見えない神々の道です。そして、その道は歌舞伎、相撲のような世界にまでつながっています。華やかなショービジネスの装いのうしろ側で、歌舞伎の歴史に貫かれているものは、能楽や神楽と同じように、日本列島の安寧への祈りであると思います。土俵の上で力士たちが四股《しこ》を踏むことには、揺れ動く大地を踏み固め、邪《じゃ》を払い、平安な時間を持続させるための祭祀の意味が込められています。安寧を願うだけではありません。歌舞伎役者も力士たちもたとえ意識的ではないとしても、日本列島の大地に新しい生命力を注ぎ込み、活力をもたらしているのだと思います。

出雲、熊野、諏訪、伊勢。悠久の歴史をもつ聖地に、なぜ、私たちの先祖は足を運びつづけたのでしょうか。

それは大地の発する何ものかを吸収し、自らの肉体と精神に満たしたうえで、それを各地に配ることが求められていたからだと思います。宗教者もそうでない人びとも、聖地を巡礼するその役割のうえではまったく同等であったはずです。

二一世紀の今、あらゆる聖地は観光地とされ、ビジネスの論理に支配されているかのようにも見えます。こんな時代のささやかな観光旅行であったとしても、聖地への旅は大地のエネルギーの循環にかかわっているはずです。「神社のはじまり」の日と同じように日本列島の恵みに感謝し、祈ることで、私たちは神々の気配と悠久の時間を感じることができると思うのです。

# あとがき

北陸地方の能登半島を震源とする大きな地震が起きたのは、三年ほど前に出版した『聖地の条件――神社のはじまりと日本列島10万年史』を改題したうえで文庫化することが決まり、原稿の手直し作業を進めていた二〇二四年一月のことです。日本列島がおびただしい数の活断層に覆われていることを改めて痛感させられました。

この本を書くための取材で北陸を歩き、玉作りの伝統や白山神社など石川県にかかわるいくつかの話題をこの本でとりあげています。被害に遭われた皆さまには、心よりお見舞い申し上げます。

多くの人の命を奪い、建物や社会インフラを破壊する地震を引き起こす活断層は、存在そのものが迷惑な「絶対悪」のように見なされがちです。被害を受けた方々には納得していただけないかもしれませんが、この本ではあえて火山や断層の活動がもたらすプラスの側面に注目しました。

科学の発達した現代に生きる私たちは、大きな地震を活断層やプレートの運動として理解しています。そうした知識のない昔の人たちは地震や火山の活動を神々の怒りや不機嫌として解釈していたに違いありません。日本の神には、乱暴で猛々しい「荒《あら》魂《みたま》」と親切で温厚な「和魂《にぎみたま》」の二面性があるといわれます。地震や火山の噴火が「荒魂」の現れであるとすると、この本の中心的なテーマは「和魂」です。

出雲大社、熊野本宮大社、諏訪大社など歴史ある神社の背景には、火山列島に特有の大地の恵みがかかわっているのではないか——。火山と古事記神話の関係を調べたり、古代からの「ものづくり」の歴史を調べたりするなかで、そうした視点から神社を見るようになったことは序章で申し上げたとおりです。もうひとつ付け加えるなら、神社の歴史に興味をいだいた最初のきっかけは、高校時代、母方の祖父が亡くなったときの葬式でした。

母親の実家が仏教の宗派をもたず、神道式の葬儀（神葬祭）をおこなう一族であることは祖父が亡くなるまで知る由もありませんでした。というのも、祖父自身は神道とはほとんど無縁で、翻訳ミステリーを愛読し、サイフォンでコーヒーをいれてくれるようなモダンな感じの人だったからです。

祖父の家に葬儀用の祭壇が持ち込まれ、母親が買ってきた鯛、ダイコン、果物などが並べられました。お焼香の代わりに、参列者は榊《さかき》の玉串を渡されます。玉串を受け取り、時計回りにまわして捧げるという作法、音をたてない柏手（忍手《しのびて》というそうです）を教え込まれて、葬儀に参列したことをおぼえています。

神主さんは、祝詞《のりと》のような文体と節回しで、故人の生い立ちと経歴を述べ、弔いの言葉を詠み上げます。仏教の葬式でいえば、読経《どきょう》に相当しますが、お経と違って、高校生でもヒアリング可能な擬古文調《ぎこぶんちょう》の文言です。はじめて目にする神道式の葬儀は奇妙に明るい光景として記憶に残っています。

母方の祖父（苗字は大和田）はそのとき、長崎市に住んでいたのですが、何代か前の先祖は、幕末まで長野県小諸《こもろ》市にいたと聞いています。母親の実家が神道式の葬儀をおこなうのは、諏訪大社の信仰圏にルーツをもつからではないかと漠然と思っていました。今回、改めて年長の親類に聞いてみると、誰もよく事情を知りませんでした。信仰の世界にはそのようなことが多いのかもしれません。

長崎市の総鎮守は諏訪神社といい、長野県の諏訪大社を別格とすると、全国五千社とも一万社ともいわれる諏訪神社のうち、最も格の高い神社であるといいます。地元の人たちは「お諏訪さん」と言っていますが、「鎮西《ちんぜい》大社諏訪神社」の異称によっても知られています。

私は幼少期から高校生まで長崎に住んでいたので、七五三も初詣も諏訪神社でした。祖父の葬式も諏訪神社の神主さんに来てもらったと聞いていたのですが、改めて確認しようとすると、こちらもよくわかりませんでした。

長崎市は戦国時代、イエズス会の領地のようになっていた時期があります。江戸時代になり、キリスト教が禁止されるという歴史のなかで、諏訪神社が長崎の総鎮守として持ち上げられたといいます。長崎にあった幕府の出先機関のバックアップをうけた、政策的な神社ということになります。もとは修験者が持ち込んだ小さな社であったと伝わっています。

江戸時代の長崎は国内最大の貿易港でしたから、諏訪神社は財政的には恵まれ、秋の例大祭である「くんち」はたいへんにぎやかなものになりました。中国風の龍踊りが有名ですが、長野の諏訪大社では龍神の信仰があるので、どこかでつながっているのかもしれません。

長崎市の諏訪神社は交易の神、航海の神としての性格がつよいとされていますが、ほかの地域の諏訪神社でも、漁業神、航海神として信仰されている事例が少なくありません。

海なし県の長野県に鎮座する諏訪大社の神が、漁業や航海の守り神になっているのは一見、奇妙な感じもします。しかし、諏訪大社のはじまりが黒曜石の広域流通にかかわるという本書での見通しが正しければ、諏訪の神が航海の守り神になる必然性はあると思います。黒曜石は日本列島を代表する鉱物資源であり、海を越えて運ばれる〝輸出品〟でもあったからです。

長崎の諏訪神社の歴史は江戸時代からの四百年くらいのものなので、本書がテーマとした日本列島史のうえではごく最近のこととなります。江戸時代といえば、神葬祭が一般の人たちに定着したのは江戸時代も半ば以降だというので、こちらの歴史も案外、新しいものです。

神仏分離の追い風もあり、明治時代になって神葬祭がさらに普及しはじめたのも束の間、国家神道を目指す明治政府の政策によって、神職が葬送にかかわることは次第に難しくなったといいます。国造家の主導で出雲大社教の前身となる新教団が旗揚げされた背景には、出雲大社の別働隊によって神葬祭を継続しようとする意向もあったようです。

現在をふくめて、日本人の葬送は仏教方式が主流ですが、仏教伝来より前の古墳時代、弥生時代に神道式に近い葬送儀礼があったのかというとそのあたりも定かではありません。ことほどさように、神社、神道をめぐる歴史は謎だらけです。その謎の一端に無手勝流《むてかつりゅう》で挑んでみました。

この本の企画は、双葉社の山上輝代範編集長から送られてきたメールから動きはじめました。

私が書いた文春新書『火山で読み解く古事記の謎』『邪馬台国は「朱の王国」だった』についての詳細な感想が書かれたメールだったのですが、会って話してみると、『火山』のほうで書いた高千穂峰（「天孫降臨」の伝承地のひとつ）の登山に山上氏も挑んでいたことを知り、奇特というか物好きな人はいるものだと思った次第です。

山上氏の苗字が気になり、系譜学の大権威、太田亮《おおたあきら》博士の『姓氏家系大辞典』で調べてみたところ、歴史的には「山上《やまがみ》」の苗字を「山神」と書くこともあったというのです。苗字の歴史でよくあることですが、本来は山神だったという可能性もあります。もしそうならば、その一族が祀る神とは、いかなる神であったか気になります。

石川県小松市は碧玉の四大産地のひとつであり、八日市地方遺跡に弥生時代としては最大クラスの玉作り集落があったことは第四章で申し上げました。山上氏の父方の実家はかつて小松市にあり、しかも、この遺跡のすぐ近くだったそうです。取材結果を報告するメールのやりとりでそれを知らされ、「え？」という感じでした。石川県のこの地域に、平安時代から山上を名乗る一族がいたことは、『姓氏家系大辞典』にも出ています。思わぬ身近に、「神」と「玉」の歴史にかかわるかもしれない一族の末裔がいたのでした。

学術書ではないことに開き直って、神々の道を暴走しすぎてしまったかもしれません。最後までお付き合いいただき感謝申し上げます。

ご感想、ご批判などは筆者宛てにメールでお寄せいただければありがたいです。

momoyamadokamachi@gmail.com

# 主な参考文献

## 神社、古代史関係

岡田精司『新編　神社の古代史』（學生社　二〇一一年）
谷川健一　編『日本の神々――神社と聖地』全十三巻（白水社　一九八四年〜）
式内社研究会　編『式内社調査報告』（皇學館大学出版部　一九七六年〜）
折口信夫「霊魂の話」（中公文庫『折口信夫全集　第三巻』などに所収）
西郷信綱『古事記注釈』（平凡社　一九七五年〜　ちくま学芸文庫で復刻）
三浦佑之『出雲神話論』（講談社　二〇一九年）
菅田正昭『日本の神社を知る「事典」』（日本文芸社　一九八九年）
千家和比古、松本岩雄編『出雲大社――日本の神祭りの源流』（柊風舎　二〇一三年）
岡本雅享『千家尊福と出雲信仰』（ちくま新書　二〇一九年）
梅原猛『葬られた王朝――古代出雲の謎を解く』（新潮社　二〇一〇年）

戸矢学『オオクニヌシ　出雲に封じられた神』（河出書房新社　二〇一七年）
高橋克彦『東北・蝦夷の魂』（現代書館　二〇一三年）
亀井千歩子『奴奈川姫とヒスイの古代史――高志路物語』（国書刊行会　一九七七年）
岡本太郎『日本再発見――芸術風土記』（新潮社　一九五八年）
アレクサンドル・ワノフスキー『火山と太陽――古事記神話の新解釈』（元々社　一九五五年／桃山堂『火山と日本の神話――亡命ロシア人ワノフスキーの古事記論』で二〇一六年復刻）
益田勝実『火山列島の思想』（筑摩書房　一九六八年／講談社学術文庫で二〇一五年復刻）
宮地直一『諏訪史』二巻前編（信濃教育会諏訪部会　一九三一年）※ネット公開
藤森栄一『古道』（學生社　一九六六年／講談社学術文庫で一九九九年復刻）
中沢新一『精霊の王』（講談社　二〇〇三年）
リチャード・F・タウンゼント『図説アステカ文明』（創元社　二〇〇四年）
林田憲明『火山島の神話――「三宅記」現代語訳とその意味するもの』（未知谷　二〇一四年）
ラフカディオ・ハーン「生神様」「杵築――日本最古の神社」（講談社学術文庫『日本

の心』『神々の国の首都』などに所収）
本居宣長『玉勝間』『古事記伝』（岩波文庫）

古代の文献

「古事記」「日本書紀」「出雲国風土記」「万葉集」「延喜式」「先代旧事本紀」「古語拾遺」「扶桑略記」「魏志倭人伝」（「三国志」所収）

考古学、地質学、地理学そのほか

佐藤宏之『旧石器時代――日本文化のはじまり』（敬文舎　二〇一九年）
稲田孝司『遊動する旧石器人』（岩波書店　二〇〇一年）
松藤和人、成瀬敏郎『旧石器が語る「砂原遺跡」――遥かなる人類の足跡をもとめて』（ハーベスト出版　二〇一四年）
古代歴史文化協議会 編『玉――古代を彩る至宝』（ハーベスト出版　二〇一八年）
鉱物専門誌『ミネラ』24号「特集――鉱物界の芸術家　メノウとその仲間たち」（エ

スプレス・メディア出版　二〇一三年）
『出雲地方における玉髄・瑪瑙製石器の研究――恩田清氏採集資料と島根県出土の玉髄・瑪瑙製石器』（島根県教育委員会古代文化センター　二〇〇四年）
寺村光晴 編『日本玉作大観』（吉川弘文館　二〇〇四年）
松原聰『フィールドベスト図鑑　日本の鉱物』（学習研究社　二〇〇三年）
土山明 編著『日本の国石「ひすい」』（成山堂書店　二〇一九年）
八川シズエ『パワーストーン百科全書331――先達が語る鉱物にまつわる叡智』（ファーブル館　二〇〇〇年）
堤隆『黒曜石3万年の旅』（NHKブックス　二〇〇四年）
島根県立古代出雲歴史博物館 編『隠岐の黒曜石』（ハーベスト出版　二〇一八年）
木内石亭『雲根志』（訳注・今井功　築地書館　一九六九年）
J.Z.デ・ボーアほか「『デルフォイの神託』の秘密」（『日経サイエンス』二〇〇四年一月号　同誌別冊『古代文明の輝き』に所収）
デイヴィッド・R・モンゴメリー『岩は嘘をつかない――地質学が読み解くノアの洪水と地球の歴史』（白揚社　二〇一五年）
中川毅『人類と気候の10万年史』（講談社　二〇一七年）

川端裕人、海部陽介『我々はなぜ我々だけなのか――アジアから消えた多様な「人類」たち』（講談社　二〇一七年）
『日本の地形』全七巻（東京大学出版会　二〇〇一年〜）
活断層研究会 編『新編　日本の活断層　分布図と資料』（東京大学出版会　一九九一年）
早川由紀夫「現代都市を脅かすカルデラ破局噴火のリスク評価」（『月刊地球』二〇〇三年一一月号所収）
地質学雑誌『アーバンクボタ』38号「特集――紀伊半島の地質と温泉」（クボタ　一九九九年）※ネット公開
『玉湯町史』『松江市史』『三重県史』ほか、関係する県市町村史

ウェブサイト資料

大鹿村中央構造線博物館　（中央構造線についての詳細な解説）
https://mtl-muse.com/category/mtl/aboutmtl/

山陰・島根ジオサイト　地質百選（花仙山など出雲地方の地質データを満載）
https://www.geo.shimane-u.ac.jp/geopark/geosite.html

諏訪大社と諏訪神社（民間研究者によるきわめて詳細な諏訪信仰についての報告）
https://yatsu-genjin.jp/suwataisya/index.htm

日本旧石器学会（全国の旧石器時代遺跡のデータベースなどを掲載）
http://palaeolithic.jp/index.htm

本書は2021年8月に小社より刊行された単行本『聖地の条件 神社のはじまりと日本列島10万年史』の文庫化です。文庫化に際し、加筆修正を行い、改題しました。

地図作製　三潮社

双葉文庫

か-64-01

# 火山《かざん》と断層《だんそう》から見《み》えた神社《じんじゃ》のはじまり

2024年 5 月18日　第1刷発行
2024年11月 6 日　第5刷発行

【著者】
蒲池明弘《かまちあきひろ》

【発行者】
箕浦克史
【発行所】
株式会社双葉社
〒162-8540 東京都新宿区東五軒町3番28号
［電話］03-5261-4818（営業部）　03-5261-4831（編集部）
www.futabasha.co.jp（双葉社の書籍・コミックが買えます）
【印刷所】
中央精版印刷株式会社
【製本所】
中央精版印刷株式会社

【フォーマット・デザイン】
日下潤一



ISBN978-4-575-71505-7 C0176
Printed in Japan